Kurt-Georg Scheible

Menschen-kenntnis

Personen richtig einschätzen
und überzeugen

POCKET BUSINESS

Die Internetadressen, die in diesem Buch angegeben sind, wurden vor Drucklegung geprüft (Stand: Mai 2009). Der Verlag übernimmt keine Gewähr für die Aktualität und den Inhalt dieser Adressen und solcher, die mit ihnen verlinkt sind.

Verlagsredaktion: Annette Preuß
Technische Umsetzung: Holger Stoldt, Düsseldorf
Umschlaggestaltung: Ellen Meister, Berlin
Titelfoto: © Purestock/gettyimages®

Informationen über Cornelsen Fachbücher und Zusatzangebote:
www.cornelsen.de/berufskompetenz

1. Auflage

© 2009 Cornelsen Verlag Scriptor GmbH & Co. KG, Berlin

Druck: Druckhaus Berlin-Mitte GmbH

ISBN 978-3-589-23699-2

 Inhalt gedruckt auf säurefreiem Papier aus nachhaltiger Forstwirtschaft.

Inhalt

1 Mensch – wie bin ich?

Wie wir uns jeden Tag neu kennenlernen

1.1 Socken kann man immer brauchen

Gleich zu Anfang gebe ich es zu. Ich habe es schon wieder getan. Ich habe anders gehandelt als ich wollte, einfach automatisch. Ich konnte nicht anders:

Es ist November, Samstagmittag, kurz vor zwei. Ich betrete ein Sportgeschäft in einer süddeutschen (schwäbischen) Kleinstadt. Ich bin zeitig dran und bereits auf der Suche nach einem Weihnachtsgeschenk. Doch das, was ich suche, gibt es nicht.

Die Verkäuferin ist sehr nett, bemüht, strengt sich an. Während sie im Büro nach einem Katalog sucht, sperrt ein Kollege die Eingangstür zu und der Chef beginnt, die Kasse zu machen. Samstags ist um zwei Uhr Feierabend, das habe ich nicht gewusst.

„Meiner" Verkäuferin scheint das egal zu sein, sie bedient mich weiter, bestellt, obwohl ich nicht in dieser Stadt wohne, die Teile, nach denen ich suche. Einfach so, vielleicht käme ich ja doch mal wieder.

Inzwischen ist es 14:30 Uhr. Die Verkäuferin hat alle Ruhe dieser Welt, nur ich drängle, will gehen, der Verkäuferin den Feierabend gönnen. Als ich sie darauf anspreche, sagt sie nur: „Das ist schon o.k., dafür bin ich ja da, und ich muss meine Kasse ja auch noch machen."

Da entdecke ich sie, die speziellen Funktionssocken dieser bekannten Firma, im Sonderangebot. „Die sind ja wirklich richtig günstig", verrät mir ein schneller Blick auf die reguläre Ware.

Und Socken kann man ja eigentlich immer brauchen. Und was ich sonst von dieser Firma habe, ist alles top. Also nehme ich gleich noch fünf Paar mit, bezahle schnell und bin schon weg.

Später im Café mache ich mir klar, was da vor sich ging. Socken hatte ich wirklich genug. Mein Kauf war also nicht mit akutem Sockenmangel zu begründen. Was veranlasste mich also wirklich?

1.2 Effekte, die unser Verhalten steuern

Wir Menschen sind nicht so logisch und rational, wie wir es gerne wären. Zwar wünschen wir uns, von unserem Verstand geleitet zu werden, doch mehr und mehr kommt ans Tageslicht, was uns wirklich steuert, was uns tatsächlich veranlasst, zu tun, was wir tun. Oder eben nicht tun. Und obwohl diese Effekte nicht neu sind, können wir uns nur schwer dagegen wehren.

Doch schon allein die Kenntnis dieser Effekte hilft uns weiter. Mit ihrer Hilfe können wir einerseits die Vorhaben anderer Menschen erkennen, um uns zu schützen, und gleichzeitig andere dazu bringen, so zu reagieren, wie wir es wünschen.

Aber: So verschieden die Menschen sind, so verschieden stark reagieren sie auf die einzelnen Effekte. Und nicht genug damit:

In jeder Situation, in jedem Kontext, zu jeder Zeit reagieren wir darauf unterschiedlich stark.

Nur wenn wir wissen, auf welche Effekte wir besonders stark reagieren, können wir uns wirklich selbst kennenlernen.

Doch was hat mich nun dazu veranlasst, fünf Paar Socken zu kaufen? Welche Effekte waren da im Spiel? Und welche Effekte gibt es überhaupt, die uns tun lassen, was wir tun – oder uns davon abhalten. Machen Sie sich mit mir auf die Suche.

Der Herden-Effekt

An welchem Wochentag wird bei Ihnen eigentlich die Mülltonne geleert? Wissen Sie es? Oder stellen Sie Ihre Tonne einfach auch vor die Türe, wenn Ihre Nachbarn das tun?

> Das Verhalten anderer ist für uns eine wichtige Orientierungshilfe.

Denn es gilt: Wenn viele Leute etwas tun, ist es meist das Richtige. Dieses Phänomen wurde in jüngster Vergangenheit mehrfach untersucht und beschrieben und inzwischen hat sich daraus mit dem „Nutzen des Wissens der Vielen" ein neuer Wirtschaftszweig entwickelt.

Kluge Chefs wissen schon lange, dass niemand allein, selbst der beste Experte nicht, so viel weiß wie alle zusammen. Schwierige Probleme geben sie durchaus einmal in die Belegschaft, ermächtigen die Angestellten dazu, selbstständig Arbeitsgruppen zu bilden und lassen sich von den Lösungsvorschlägen überraschen.

Sehr gut beobachten lässt sich dieser Effekt auch in Parks und zwischen öffentlichen Gebäuden: Immer dann, wenn sich neben und zwischen den offiziellen Wegen Trampelpfade bilden, entscheidet die Masse sich für einen anderen, meist besseren Weg als den geplanten. Da helfen dann oft nur Verbotsschilder und Absperrungen, um die Herden zu kanalisieren.
Wie wäre es denn, das Verfahren umzudrehen und die Wege erst anzulegen, wenn die Herden den eindeutig besten markiert haben?

Chancen und Risiken des Herden-Effekts liegen freilich eng beieinander. Das eine Mal rettet er unser Leben, wenn es darum geht, vor drohenden Gefahren zu flüchten. So lässt uns dieser Impuls einfach mit der Masse rennen. Ohne zu wissen warum, rennen wir mit und bringen uns in Sicherheit. Aber genauso rennen wir beim nächsten Mal mit den anderen ins Verderben. Wir investieren an der Börse, „weil alle es tun" und kaufen genau die Aktien, die viele andere auch kaufen.

Auch im täglichen Leben steuert uns dieser Effekt zu großen Teilen. Wir gehen lieber in die Restaurants, in denen schon jemand sitzt, bleiben vor dem belebten Marktstand stehen und suchen Bars und Diskos auf, die „gut besucht" sind.

Gleichzeitig macht uns dieser Effekt anfällig für Manipulationen.

> Denn nichts ist einfacher, als vor der Disko eine (sichtbare) Menschenschlange mit auf Eintritt wartenden Besuchern entstehen zu lassen. Autos auf dem Firmenparkplatz deuten auf ein gut besuchtes Restaurant oder einen nachgefragten Laden hin und auf Märkten und Messen ist es wichtig, immer „ein paar Interessenten" vor oder in seinem Stand zu haben, und seien es bestellte Besucher.

Wie Sie sich wehren können:
Es ist gar nicht so einfach, sich gegen den Herden-Effekt wirkungsvoll zu wehren, schließlich ist er beides, Verbündeter und Gegner. Glücklicherweise ist er häufiger unser Verbündeter, der uns, ähnlich einem Navigationssystem, sicher durchs Leben führt.
Doch auch die modernsten Navigationssysteme sind nicht frei von Fehlern, weshalb wir nicht blind die Anweisungen der netten Stimme befolgen sollten. Die automatische Wegführung ist nur so gut, wie die eingegebenen Daten, und wer

schon einmal eine dramatische Fehlleitung erleben durfte, überprüft die Befehle mit seinem gesunden Menschenverstand – und schaltet die Navigation im Zweifel einfach ab.

Der Relativitätseffekt

Ich lade Sie ein zu einem kleinen Gedankenexperiment: Stellen Sie sich vor, Sie erwarten Besuch, ich meine netten Besuch. Da Sie wissen, dass Ihr Besuch gern kalifornischen oder australischen Roséwein trinkt und Sie sich nicht auskennen, gehen Sie in die Weinhandlung. Dort gibt es eine Sorte kalifornischen Weines für zwölf Euro und zwei Sorten vom Australier, den einen für zehn Euro den anderen für 14 Euro. Welchen Wein kaufen Sie?

Tests zeigten, dass die meisten Menschen einen australischen Wein kaufen würden. Und das, obwohl der kalifornische die „goldene Mitte" bedeutet. Warum ist das so? Während Sie die beiden australischen Weine in eine Relation setzen können, fehlt Ihnen als jemand, der sich mit Weinen überhaupt nicht auskennt, beim kalifornischen Wein jeglicher Vergleich.

Ihr internes Wertesystem entscheidet, dass der teure Wein besser sein muss als der günstige. Dazu brauchen Sie jedoch einen Vergleich. Und dann entscheiden Sie sich, je nachdem wie viel Ihnen Ihr Besuch wert ist, für die eine oder andere Flasche.

Die Wahl der goldenen Mitte kommt allerdings zum Tragen, wenn es drei gleichwertige Alternativen ohne nennenswerten Qualitätsunterschied gibt. Hier tendieren die meisten Menschen zur Mitte.

Für den Weinhändler könnte es sich also lohnen, noch einen dritten australischen Wein ins Sortiment aufzunehmen, für 16 Euro. Dann fiele die Entscheidung eher auf den Wein für 14 Euro, während der für zehn Euro öfter im Regal bliebe. Der Umsatz würde einfach durch Aufnahme eines weiteren, jedoch teureren Angebots steigen.

Der Relativitätseffekt bestimmt auch in anderen Bereichen zu sehr großen Teilen unser Leben. Zahlreiche Versuche zeigen: Haben wir die Wahl, entscheiden wir uns für das „kleinere Übel".

Das können Sie auch versuchen, sich zu Nutze zu machen: Stellen Sie eine überhöhte und eine angemessene (Ihre eigentliche) Forderung und Sie werden Ihr eigentliches Ziel sehr oft ohne großen Widerstand erreichen.

Andererseits sorgt der Relativitätseffekt dafür, dass wir mit ungleichem Maß messen. Es fällt uns wesentlich leichter, einen gewissen Betrag auszugeben, wenn wir es im Rahmen einer weitaus größeren Summe betrachten: Die Schuhcreme für neun Euro erscheint geradezu günstig, wenn man zuvor 380 Euro für ein paar Schuhe ausgegeben hat. Ohne die Schuhe, allein für sich betrachtet, sähe das vielleicht ganz anders aus. Glauben Sie nicht? O.k., hier habe ich einen Selbstversuch für Sie:

> Stellen Sie sich vor, Sie brauchen zwei Dinge: Eine Flasche Wein und ein neues Notebook. Da Sie verunsichert sind, was den Wein betrifft, gehen Sie in zwei Geschäfte. Und tatsächlich, als hätten Sie es gewusst: derselbe Wein ist im zweiten Geschäft wie erwartet zwei Euro teurer als im ersten Geschäft, das etwa zehn Geh-

minuten entfernt liegt. Was tun Sie? Gehen Sie zurück ins erste Geschäft und sparen die zwei Euro?

Und jetzt zu Ihrer zweiten Anschaffung, dem Notebook. Sie finden ein tolles leistungsfähiges Gerät für 599 Euro. Gerade als Sie zuschlagen wollen, fällt Ihnen ein, dass Sie heute Morgen in der Zeitung diese Annonce gesehen haben und dass das gleiche Notebook in dem anderen Geschäft, zehn Minuten entfernt, nur 597 Euro kostet. Gehen Sie in das andere Geschäft, um die zwei Euro zu sparen?

In Versuchen würden die meisten Leute im ersten Fall den Umweg auf sich nehmen, im zweiten Fall jedoch nicht. Wie kann das sein? Sind zwei Euro nicht gleich zwei Euro und zehn Minuten nicht gleich zehn Minuten? Doch, natürlich.

Aber die Bezugsgröße, die Relation ändert sich – und schon entscheiden wir anders.

Wie Sie sich wehren können:
Versuchen Sie, jede Entscheidung separat zu betrachten: Wie beurteilen Sie den Preis der Schuhcreme ohne den viel höheren Preis der Schuhe? Fragen Sie sich: Was sind mir zwei Euro, zehn Euro, 20 Euro wert? Was bin ich bereit, dafür zu tun? Welchen Umweg, welchen Zeitaufwand nehme ich dafür in Kauf?
Trennen Sie den Kauf der geplanten Hauptanschaffung vom Kauf des Zubehörs auch zeitlich. Lassen Sie keine „Im Vergleich zu"-Argumentation zu, auch nicht im inneren Dialog.
Wenn gar nichts hilft, dann setzen Sie den Kauf ganz bewusst in Bezug zu anderen Dingen. Zum Beispiel: Wie lange muss ich dafür arbeiten? Was bekomme ich sonst für das Geld?

Machen Sie das unbedingt bei Verträgen mit einer längeren Laufzeit. Was kostet Sie also der günstige Vertrag über die gesamte Laufzeit? Ist es Ihnen das wert? Würden Sie das auch jetzt sofort bezahlen? Oder wäre es Ihnen dann doch zu teuer?

Der Commitment-Effekt

„Versprochen ist versprochen!" – fast jeder hat diesen Spruch schon einmal gehört. Und wenn es nicht sofort zur gewünschten, weil versprochenen Handlung geführt hat, dann doch zumindest zu einem sehr sehr schlechten Gewissen.
Der Grund ist: Es gibt ein schon fast zwanghaftes Bestreben, konsistent (oder konsequent) zu sein. Sobald wir eine Entscheidung getroffen haben, beginnen Kräfte in uns zu wirken, die uns veranlassen, diese Entscheidung zu rechtfertigen.

Sehr deutlich wird das nach dem Kauf eines neuen Autos: Wehe, wenn jemand etwas gegen unsere Wahl sagt. Mit großem Eifer verteidigen wir das Auto – und im Grunde eigentlich nur unsere einmal getroffene Entscheidung.

Wie schwer fällt es Ihnen, eine einmal getroffene Entscheidung zu revidieren? Wie oft haben Sie sich oder andere sagen hören: „Du solltest konsequent sein!" Selten wird dabei nochmals überlegt, wie sinnvoll die zuvor getroffene Entscheidung mit unserem heutigen Wissen tatsächlich ist. Meist halten wir an der ursprünglichen Entscheidung fest, nicht selten nur, um unser Gesicht zu wahren und konsequent zu sein.

Die Luftfahrt hat längst erkannt, welch großes Potenzial für Fehler der Commitment-Effekt beinhaltet. Deshalb lernen Piloten während ihrer Ausbildung eine spezielle Methode der Entscheidungsfindung. Diese Methode wurde nach einer Reihe von verhängnisvollen Unfällen entwickelt und hat sich inzwischen über die Luftfahrt hinaus etabliert. So hält der Autor, selbst ehemaliger Pilot, inzwischen Führungsseminare, in denen Manager von Piloten lernen, unter anderem eben auch die FOR-DEC-Methode der Entscheidungsfindung.

Zurück zur Eingangsbehauptung – stimmt die Aussage, „versprochen ist versprochen"? Meine Antwort lautet: Ja und Nein.

Einerseits gibt dieser Effekt unseren Handlungen eine gewisse Verlässlichkeit. Der Commitment-Effekt sorgt dafür, dass unser Leben eine Richtung bekommt und vor allem auch beibehält. Er macht uns zu zuverlässigen Partnern, deren Wort noch Gültigkeit hat.

Gleichzeitig sabotiert uns der Effekt jedoch und macht uns anfällig für Täuschungen und (Selbst-)Betrug. Wir alle kennen diesen Effekt, nachdem sich eine Entscheidung als falsch, unsere Einschätzung als fehlerhaft herausgestellt hat. Fast schon krankhaft wird diese Entscheidung trotzdem auch im Nachhinein verteidigt. Alles andere hat für das Misslingen gesorgt, die Rahmenbedingungen, der Wettbewerb, die Kunden, alle sind verantwortlich – nur nicht man selbst. Es ist dieses Festhalten an der einmal getroffenen Entscheidung, das uns empfindlich macht.

Wie Sie sich wehren können:
Machen Sie es wie die Piloten. Nutzen Sie die FOR-DEC-Methode. Eine genaue Beschreibung finden Sie im sechsten

Kapitel. Hier in Kurzform, worum es dabei geht und wie es funktioniert.

Die FOR-DEC-Methode

Die **FOR-DEC** genannte Methode hält sich Schritt für Schritt an die immer gleiche Systematik:

F = Facts: Fakten sammeln, ohne zu bewerten
O = Options: Optionen zusammenstellen
R = Risks and Benefits: Risikoabwägung
— gedankliche Pause
D = Decision: Entscheidung treffen
E = Execution: Entscheidungsausführung
C = Check: Überprüfung

Prüfen Sie nach einer Entscheidung immer noch mal aktuell, ob sich die Fakten, die zu der Entscheidung führten, in der Zwischenzeit geändert haben.

> Nehmen Sie an, Sie wollen wegen einer Staumeldung Ihre Route ändern und von der Autobahn abfahren. Nun kommen Sie an die geplante Autobahnabfahrt – halten Sie noch immer an Ihrer Entscheidung fest und fahren ab, selbst wenn sich der Stau in der Zwischenzeit aufgelöst hat?

Verfahren Sie in allen anderen Situationen genauso. Fragen Sie sich:

> „Hätte ich, wenn ich zum damaligen Zeitpunkt alle Informationen gehabt hätte, über die ich nun verfüge, genauso entschieden?"

Der „Wie du mir – so ich dir"-Effekt

Hand aufs Herz, wie geht es Ihnen, wenn Sie kleine Aufmerksamkeiten oder Geschenke bekommen? Haben Sie plötzlich auch das Gefühl, „etwas zurückschenken" zu müssen? Dann stehen Sie nicht allein. Wir alle kennen dieses Gefühl, uns revanchieren zu müssen. Jemand tut uns etwas Gutes, lädt uns ein, schenkt uns eine Kleinigkeit, ist aufmerksam – und schon glauben wir, in seiner Schuld zu stehen.

Oft wird dieser Effekt systematisch ausgenutzt. Wir erhalten nutz- und wertloses Zeug, um uns schuldig zu fühlen und diese Schuld später mit unserer Unterschrift unter einen Auftrag zurückzuzahlen.

◆ So steigt die Rücklaufquote von Werbebriefen stark an, wenn den Briefen ein kleines Geschenk wie etwa ein Kugelschreiber beigelegt wird.
◆ Wir alle freuen uns im Restaurant über den Gruß aus der Küche – und revanchieren uns mit einem Dessert, einem weiteren Getränk oder einem guten Trinkgeld.

Und obwohl wir diesen Effekt kennen, können wir uns nur schwer dagegen schützen. So tief sind diese psychologischen Effekte in uns angelegt.

Oft wird diese Schuld auch ganz bewusst eingefordert. Das hört sich dann in etwa so an: „Ich habe dir auch schon geholfen", „Nach allem, was ich für dich getan habe" oder „Sie sind mir noch was schuldig".

Wie Sie sich wehren können:

Betrachten Sie Aufmerksamkeiten und Geschenke als das, was sie sind, nicht als das, was sie sein sollen. Revanchieren Sie sich für kleine Aufmerksamkeiten mit kleinen Aufmerksamkeiten. Doch wehren Sie sich dagegen, Tricks mit Aufmerksamkeiten zu honorieren.

Der Autoritätseffekt

Der Hauptmann von Köpenick ist dafür berühmt geworden – trägt jemand eine Uniform, dann haben wir zu gehorchen, denn schließlich ist er eine Autoritätsperson. Doch es sind nicht nur Uniformen, die uns gehorchen lassen. Weitere Signale, die uns gehorchen lassen, sind akademische Titel, wissenschaftliche Studien, Kleidung, Auftreten und Statussymbole.

1974 wies der amerikanische Psychologieprofessor Milgram in einem wissenschaftlichen Experiment nach, dass Menschen anderen Menschen Elektroschocks zufügen würden, weil der Versuchsleiter im weißen Kittel es von ihnen verlangte. Sie erfüllten ja nur treu ihre „Pflicht".

Wie oft machen Sie, was von Ihnen verlangt wird, ohne zu prüfen wie sinnvoll es ist? Das kann Ihnen nicht passieren?

◆ O.k., vielleicht vertrauen Sie dann ja hin und wieder den Experten, die in der Werbung für ein bestimmtes Produkt werben – ah Pardon, ein bestimmtes Produkt empfehlen.
◆ Oder wie ist es mit dem Parkplatzeinweiser, der Ihnen ohne erkennbaren Grund einen Parkplatz ganz hinten zuweist?
◆ Sicher ändern Sie auch Ihre Fahrweise nicht, wenn ein Polizeiwagen direkt hinter Ihnen fährt?
◆ Und Testergebnisse interessieren Sie bestimmt auch nicht, Sie bilden sich Ihr eigenes Urteil.

Und hier sind wir schon beim eigentlichen Problem. Natürlich ist es sinnvoll, das Wissen von Experten zu nutzen. Niemand kann alles wissen und immer selbst und allein entscheiden. Wir brauchen den Rat von Experten und es ist auch absolut wichtig für unsere Systeme, dass wir die Anweisungen und Regeln von Autoritätspersonen einhalten.

Wie Sie sich wehren können:
Stellen Sie sich die folgenden Fragen: Ist die Autoritätsperson tatsächlich ein Experte? Kann ich dem Urteil dieses Experten trauen? Gibt es andere Experten, denen ich mehr vertrauen möchte? Bin ich selbst Experte auf dem Gebiet?

Oder fragen Sie sehr viele Menschen um Rat: In der Masse wissen Laien oft viel mehr als der beste Experte.

Der Knappheitseffekt

Was macht eigentlich den Wert von Perlen aus? Warum gibt es einen Schwarzmarkt für längst ausverkaufte Sport- und Musikveranstaltungen? Und weshalb sind die Tickets auf diesem Schwarzmarkt meist teurer?
Was macht den Reiz von limitierten Sonderserien aus, egal, ob es sich um teure Uhren oder exklusive Autos handelt? Sammler sind sich der Bedeutung des Knappheitseffekts besonders bewusst.

Je rarer eine Sache ist, desto teurer wird sie gehandelt.

Im Verkauf wird dieser Effekt gerne genutzt mit Zusätzen wie „Nur noch einige wenige Exemplare", „Limitiertes Angebot" etc.

Wie sich sogar ungeliebte Tätigkeiten mit dem Effekt der Knappheit verkaufen lassen, beschreibt Mark Twain. Sein Held Tom Sawyer schafft es, das Streichen eines Zauns so sehr zum knappen Gut werden zu lassen, dass die Kinder aus der Nachbarschaft sogar dafür bezahlen, ein Stück des Zauns streichen zu dürfen.

Auch die Zeit kann ein Angebot dramatisch verknappen. Schlussverkäufe ziehen noch immer jede Menge Kunden an. Die Angebote gibt es nicht immer. Wer profitieren will, muss sich entscheiden. „Kaufen Sie jetzt", „Nur für kurze Zeit" oder „Entscheiden Sie sich bis zum ..." sind beliebte Zusätze, um Angebote künstlich zu verknappen.

Und kaum ist die Frist abgelaufen, wird entweder „aufgrund der großen Nachfrage" verlängert oder ein anderes Angebot nachgeschoben.

> Die Angst, eine besondere Gelegenheit zu verpassen, setzt uns unter Druck und lässt uns handeln.

Manche kennen das auch vom Partner. Erst wenn dieser droht, zu gehen oder schon weg ist, wird gehandelt. Ja, der Wert einer Sache wird manchmal erst dann deutlich, wenn man sie droht zu verlieren. Oder schon verloren hat.

Wie Sie sich wehren können:
Fragen Sie sich: Handelt es sich bei dem Angebot wirklich um ein Schnäppchen? Wird das Angebot künstlich verknappt oder eine Frist eingeräumt, innerhalb der Sie sich entscheiden sollen, die gar nicht sein müsste?
Aber selbst dann ist es fast unmöglich, dem Knappheitseffekt zu widerstehen: Ein Kollege von mir, der diese Effekte kennt, hat den Vertrag für seinen neuen Wagen unterschrieben, weil die Verkäuferin „diese Konditionen nur bis Dienstag" halten konnte.

Der Sympathie-Effekt

Ich lade Sie zu einem Gedankenexperiment ein:

> Sie stehen in der Straßenbahn und plötzlich merken Sie, jemand steht Ihnen auf dem großen Zeh. Sie sehen genauer hin und erkennen: Der Mensch ist Ihnen so gar nicht sympathisch. Was tun Sie?
> Und nun passiert es – kurze Zeit später steht Ihnen doch schon wieder jemand auf dem Zeh, ausgerechnet auf dem, der noch von vorhin wehtut. Wieder schauen Sie den Menschen an – und schauen in das nette sympathische Gesicht eines freundlichen Mitmenschen. Wie reagieren Sie diesmal?

Wenn Sie beim zweiten Mal anders reagieren, dann sind Sie nicht allein. Die meisten von uns verzeihen uns sympathischen Menschen eher als uns unsympathischen Menschen. Wir sind auch eher bereit, den Bitten uns sympathischer Menschen nachzukommen oder ihnen zu helfen. Und schon schlingt sich das Band der Sympathie um Sie und Ihr Gegenüber und Sie fühlen sich wie unter Freunden. Kein Wunder, dass viele Geschäftsmodelle auf den Vertrieb unter Freunden setzen.

Sympathischen, gut aussehenden Menschen trauen wir in der Regel auch in anderen Bereichen viel mehr zu. Selbst in den Bereichen, die mit gutem Aussehen oder sympathischem Auftreten gar nichts zu tun haben. Und schon fällt es dem sympathischen Verkäufer leicht, uns von seinem Produkt zu überzeugen. Wir trauen ihm mehr zu, vertrauen ihm und seinen Aussagen mehr, lassen uns von ihm überzeugen – und kaufen schließlich bei ihm.

Wie Sie sich wehren können:
Ziehen Sie eine Trennungslinie zwischen Verkäufer und Produkt, speziell dann, wenn Ihnen der Verkäufer innerhalb der kurzen Zeit erstaunlich sympathisch ist. Versuchen Sie nicht, sich gegen das Gefühl der Sympathie zu wehren, Sie schaffen es sowieso nicht. Treffen Sie eine Produktentscheidung allein aufgrund der Vorzüge des Angebots oder des Produkts.

Praxistipp
Helfen kann es auch, wenn Sie mit dem Kauf noch etwas warten. Geben Sie sich einfach noch etwas Zeit. Meist stellt sich eine bessere Trennung her zwischen Produkt und Verkäufer, zwischen Sache und Gefühl. Sie merken dann ganz genau, ob Sie das Produkt tatsächlich brauchen oder ob Sie lediglich dem Verkäufer ein gutes Gefühl geben wollten.

Der Halo-Effekt

> „Tolles Handy", denkt der Käufer, als er die Zeitungsanzeige des brandneuen Mobiltelefons liest, und ist sich nicht bewusst, dass er nur deshalb so begeistert ist, weil die bekannte Marke des Herstellers „durchstrahlt".

Der Halo-Effekt besteht also aus einer Überstrahlung eines einzelnen Merkmals über andere Merkmale. Beobachten wir ein ganz bestimmtes Merkmal oder eine Verhaltensweise positiv, beurteilen wir alle anderen Merkmale oder Verhaltensweisen ebenso positiv. Und beobachten wir ein Merkmal negativ, beurteilen wir eben alle anderen Merkmale auch negativ.

Das geht uns auch so bei der Beurteilung anderer Menschen, meist kombiniert mit anderen Effekten. In Studien wurde beispielsweise nachgewiesen, dass wir attraktiven und uns sympathischen Menschen mehr zutrauen als anderen. Und das, obwohl wir gar nicht wissen können, ob dieser Mensch tatsächlich über diese Fähigkeiten verfügt. So leiten wir einfach von einer uns bekannten Eigenschaft (sympathisch) auf andere, uns nicht bekannte Eigenschaften (z.B. clever oder ehrlich) ab. Der Sympathie-Effekt strahlt also auch noch aus.

Nachgewiesen wurde dieser Effekt übrigens schon während des Ersten Weltkriegs durch den Psychologen Thorndike. Er ließ Offiziere ihre Soldaten bewerten. Dabei stellte sich heraus, dass die Offiziere Soldaten mit einem sympathischen Gesicht automatisch zutrauten, dass sie besser schießen und andere soldatische Pflichten besser erfüllen können als ihre Kameraden. Ein gutes Aussehen strahlte also auch auf die Bewertung anderer Fähigkeiten ab. Thorndike bezeichnete dies als Halo-Effekt.

Der Halo-Effekt ist allgegenwärtig. Ein uns bekannter und vermeintlich objektiver Gesichtspunkt strahlt bei Firmen,

Produkten, Marken, Sitzungen, Teams, Prozessen, Mitarbeitern auf die uns nicht bekannten Punkte – und beeinflusst uns so in unserer Meinung.

◆ Stellen Sie sich einmal vor, Sie nehmen an einem Workshop teil und am Ende wird ein gutes Ergebnis erzielt. Mit großer Wahrscheinlichkeit werden Sie die Atmosphäre, den Umgang untereinander, die Produktivität, den Leistungswillen sehr positiv bewerten. Umgekehrt, wenn Sie erfahren, dass in Ihrem Team nur ein schlechtes Ergebnis erzielt wurde, werden Sie auch alle anderen Punkte eher schlecht bewerten.

◆ Weiteres Beispiel gefällig? Hatten Sie einmal ein Gerät eines Herstellers, mit dem Sie sehr zufrieden waren? Wahrscheinlich werden Sie dann davon ausgehen, dass alle anderen Produkte dieses Herstellers auch gut sind. Das ist der Grund, weshalb Firmen so sehr auf ihren Markenwert achten – und wir im Zweifel ein (uns unbekanntes) Produkt eines uns bekannten Herstellers kaufen.

◆ Ein neuer Mitarbeiter stellt sich vor und hat ein gutes Arbeitszeugnis einer guten und angesehenen Firma. Der Halo-Effekt hat zugeschlagen, wenn Sie jetzt denken: „Sehr beeindruckend, ist ein guter Mann" – und den guten Eindruck, den Sie von der Firma haben, mit ins Bewerbungsgespräch nehmen.

Wie Sie sich wehren können:
Wehren können Sie sich hier ganz ähnlich wie beim Sympathie-Effekt: Ziehen Sie eine Trennungslinie zwischen der Sache, um die es geht und der Sache, die Sie kennen.
Mit anderen Worten: Nehmen Sie das, worum es geht, aus dem Scheinwerferlicht. Betrachten Sie es „in einem anderen Licht", notfalls eben im Dunkeln.
Hält es dann immer noch, was es im hellen Glanz einer ganz „anderen Sonne" verspricht?

1.3 Das Konzert der Effekte

Erinnern Sie sich noch an die Anfangsgeschichte „Socken kann man immer brauchen"? Falls nicht, blättern Sie noch einmal zurück an den Anfang des Kapitels und lesen Sie die kurze Geschichte noch einmal.
Achten Sie dabei besonders auf die Effekte, die ich Ihnen beschrieben habe, und notieren Sie, welche Effekte Sie in dieser kurzen Episode erkennen.

Nutzen Sie diese Tabelle und kreuzen Sie an, was Sie entdecken:

Welchen Effekten bin ich zum Opfer gefallen?

Effekt	aufgetaucht
Herden-Effekt	
Relativitätseffekt	
Commitment-Effekt	
„Wie du mir – so ich dir"-Effekt	
Autoritätseffekt	
Knappheitseffekt	
Sympathie-Effekt	
Halo-Effekt	

Eine mögliche Lösung:

> Es ist November, Samstagmittag, kurz vor zwei. Ich betrete ein Sportgeschäft in einer süddeutschen (schwäbischen) Kleinstadt. Ich bin zeitig dran und bereits auf der Suche nach einem Weihnachtsgeschenk. Doch das, was ich suche, gibt es nicht.

Die Verkäuferin ist sehr nett, bemüht, strengt sich an (Sympathie-Effekt). Während sie im Büro nach einem Katalog sucht, sperrt ein Kollege die Eingangstür zu und der Chef beginnt, die Kasse zu machen (Autoritätseffekt). Samstags ist um zwei Uhr Feierabend, das habe ich nicht gewusst.

„Meiner" Verkäuferin scheint das egal zu sein, sie bedient mich weiter, bestellt, obwohl ich nicht in dieser Stadt wohne, die Teile, nach denen ich suche. Einfach so, vielleicht käme ich ja doch mal wieder („Wie du mir – so ich dir"-Effekt und Commitment-Effekt).

Inzwischen ist es 14:30 Uhr. Die Verkäuferin hat alle Ruhe dieser Welt, nur ich drängle, will gehen, der Verkäuferin den Feierabend gönnen. Als ich sie darauf anspreche, sagt sie nur: „Das ist schon o.k., dafür bin ich ja da, und ich muss meine Kasse ja auch noch machen."

Da entdecke ich sie, die speziellen Funktionssocken dieser bekannten Firma (Halo-Effekt), im Sonderangebot (Knappheitseffekt). „Die sind ja wirklich richtig günstig", verrät mir ein schneller Blick auf die reguläre Ware (Relativitätseffekt).

Und Socken kann man ja eigentlich immer brauchen. Und was ich sonst von dieser Firma habe, ist alles top (Halo-Effekt). Also nehme ich gleich noch fünf Paar mit, bezahle schnell und bin schon weg. (Autoritätseffekt)

Effekt	aufgetaucht
Herden-Effekt	nein
Relativitätseffekt	ja
Commitment-Effekt	ja
„Wie du mir – so ich dir"-Effekt	ja
Autoritätseffekt	ja
Knappheitseffekt	ja
Sympathie-Effekt	ja
Halo-Effekt	ja

Sie sehen, ein Effekt kommt selten allein. Nicht weniger als sieben Effekte haben sich dort gemischt – denn vielleicht dachte ich in dem Augenblick auch noch, dass ich diese Socken so günstig so schnell nicht wieder bekommen würde. So bin ich auch noch dem Knappheitseffekt auf den Leim gegangen.

Diese Erkenntnis macht es uns nicht gerade einfacher. Jedoch hilft sie uns dabei, die Komplexität wenigstens etwas zu verringern.

> Immer dann, wenn etwas kompliziert erscheint, hilft es, die ganze Sache in dünne Scheiben zu schneiden. Und wenn es dann immer noch kompliziert ist, dann schneiden Sie eben noch dünner.

Auf den Punkt gebracht:

◆ Es gibt Effekte, die unser Verhalten massiv beeinflussen. Obwohl uns diese Effekte bekannt sind, tappen wir immer wieder in die Falle.

◆ Die Effekte treten einzeln oder in Gruppen auf. Manchmal schön der Reihe nach, manchmal aber auch gemischt und nur schwer voneinander zu trennen.

◆ Die Effekte helfen uns, unser Leben einfacher zu gestalten und entspannter zu führen. Sie sind eine Art Autopilot und nehmen uns eine Menge Denkarbeit ab.

◆ Aber: Alle Effekte können von anderen Menschen bewusst eingesetzt werden, um uns zu manipulieren.

◆ Dabei geht die Wirkung der Manipulation in zwei Richtungen: Wir tun dann Dinge, die wir nicht tun wollen oder wir lassen Dinge, die wir tun sollten.

◆ Wir können uns gegen die Manipulationsversuche (meist) wirksam wehren. Einige einfache Methoden, um sich zu schützen sind:

– Reduzieren Sie die Komplexität, wann immer es möglich ist. Hierbei hilft die „Scheible-Technik": Schwierige Sachverhalte in dünne Scheiben zu schneiden, trägt wesentlich dazu dabei, die Sache insgesamt zu vereinfachen und zu verstehen. Eben: „Scheible für Scheible für Scheible."

– Trennen Sie Person und Sache voneinander und fragen Sie sich: Was hat das eine mit dem anderen zu tun?

– Verschaffen Sie sich mehr Zeit für Ihre Entscheidungen. Fragen Sie sich: „Was ist das Schlimmste, das passiert, wenn ich die Entscheidung jetzt nicht treffe?" Meistens verlieren Sie nichts.

2 Mensch – wer bin ich?

Analysieren Sie Ihre Persönlichkeit – zwei Tests im Überblick

Der Wunsch, andere Menschen besser einschätzen und bewerten zu können, am liebsten sofort und auf den ersten Blick, ist einfach da. Wir erhoffen uns, noch besser mit den Kollegen klarzukommen, erfolgreicher verkaufen zu können oder einfach nicht mehr enttäuscht zu werden.

2.1 Ist Menschenkenntnis erlernbar?

Da ist sie also, die so oft gestellte Frage: Ist Menschenkenntnis erlernbar?

Menschenkenntnis ist in erster Linie das Ergebnis ganz eigener persönlicher Erfahrungen. Wir alle kennen dieses Gefühl, dass uns ein Mensch an „irgendjemanden" erinnert. Und je nachdem, ob wir mit dieser Person eher positive oder negative Erfahrungen verknüpfen, bewerten wir unser Gegenüber eher positiv oder negativ.

Dabei spielt es gar keine so große Rolle, ob wir diese Erfahrung selbst gemacht haben. Meist genügt uns das Gesicht eines Schauspielers, der im Fernsehen eine Rolle gespielt hat, und schon finden wir ähnliche Merkmale und Verhaltensmuster an unserem realen Gegenüber. Ist unser Mitmensch erst einmal in dieser Schublade, hat er es recht schwer, dort wieder herauszukommen.

Schlecht nur, dass es uns genauso geht. Auch wir werden täglich bewertet und in Schubladen gesteckt. Und auch wir haben es sehr schwer, dort wieder herauszukommen. Das kann so weit gehen, dass wir uns irgendwann selbst in die oft gehörten Schubladen stecken, denn – Herden-Effekt lässt grüßen – wenn es so viele sagen, muss ja was dran sein.

Nicht zuletzt deshalb könnte es sich lohnen, mal ein bisschen genauer hinzuschauen und uns selbst einmal unter die Lupe zu nehmen. Natürlich machen wir das nicht einfach so, ein Test soll es schon sein, schließlich geht es ja um uns, da wollen wir es schon genau wissen.

Auf dem Markt gibt es dazu eine Vielzahl von Persönlichkeitsanalysen – mehr oder weniger umfangreich, teuer und aussagekräftig. Allein die Auflistung der Verfahren und deren Unterschiede füllen ganze Bücher. Zwei dieser Tests möchte ich Ihnen im Folgenden vorstellen.

Der erste Test ist sehr einfach bei einer hohen Wiederholgenauigkeit. Das bedeutet, Sie können ihn immer wieder selbst sehr schnell durchführen und werden ähnliche Ergebnisse erzielen. Schon nach kurzer Zeit werden Sie sich und andere Menschen auf den zwei Polaritäten und in den vier Feldern zuordnen können. Die kompakte Beschreibung ermöglicht Ihnen einen schnellen Einstieg und eine Zuordnung Ihrer Mitmenschen.

Die zweite Methode zur Bestimmung von Persönlichkeiten, die Ihnen hier vorgestellt wird, kommt mit lediglich drei Grundtypen aus: hier gibt es den Dynamiker, den Logiker und den Sympathiker – mit entsprechenden Mischformen.

Diese Methode hat einige Besonderheiten und das ist gleichzeitig der Grund, weshalb ich diese Methode vorziehe und in meiner beruflichen Praxis einsetze:

◆ Die Gesamtanalyse ist aufgeteilt in drei Persönlichkeitsbereiche: Erkenntogramm (Auftreten in der Öffentlichkeit), Zyklogramm (interne Entscheidungsprozesse) und Strategogramm (langfristige strategische Entscheidungen). Dabei ist es sehr wahrscheinlich, dass die Ausprägung in jedem Persönlichkeitsbereich unterschiedlich ist. Dadurch sind weitere Entwicklungstendenzen schon sehr früh erkenn- und dadurch planbar.

◆ Klare Analyse der Stärken und Entwicklungsfelder; außerdem hervorragend einsetzbar bei der Suche von Stellenbewerbern.

◆ Das Konzept lässt sich übertragen von Personen auf Unternehmen und ist dadurch ein sehr hilfreiches Werkzeug in der Unternehmensanalyse und -beratung.

2.2 Ein einfacher Test für einen ersten Anhaltspunkt

Die meisten Menschen sind sehr daran interessiert zu erfahren, wie sie denn so sind im Vergleich zu den anderen Menschen. Unser Bestreben zu Vergleichen ist nun mal sehr ausgeprägt, da machen wir nicht einmal vor uns selbst Halt. Sie finden deshalb hier einen ganz einfachen Test, der Ihnen einen recht guten Anhaltspunkt bietet und dazu eine hohe Wiederholgenauigkeit.

Und wenn Sie mit dem Ergebnis gar nicht einverstanden sein sollten, dann kann es ja möglicherweise an der Einfachheit liegen. In diesem Fall können Sie es ja mal mit einer anderen, viel umfassenderen Analyse versuchen und sich vom Ergebnis überraschen lassen.

Doch lassen Sie uns zurückkehren zu unserem einfachen und doch sehr verlässlichen Test.

Die zwei Polaritäten der Persönlichkeit

Dazu betrachten wir zunächst einmal die beiden gegensätzlichen Eigenschaften „extrovertiert" und „introvertiert" auf einer Achse. Es geht also darum, dass Sie auf einer Achse zwischen den beiden Polen Ihren Platz finden.

Auf einer zweiten Achse, die wir dann darüber legen, definieren wir den einen Pol als „aufgabenorientiert", den anderen als „menschenorientiert". Damit ergibt sich also folgendes Schaubild:

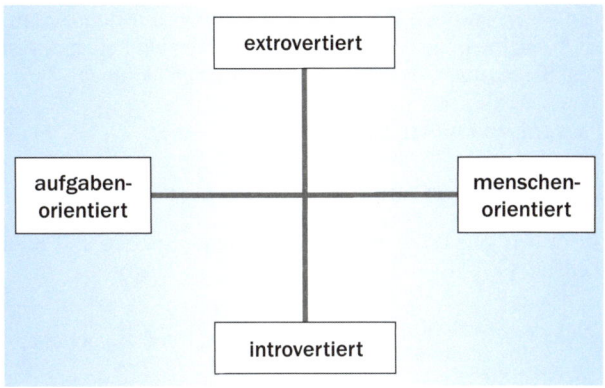

Das Polaritätendiagramm

Wenn Sie nun dieses Diagramm als Feld betrachten, dann hat jeder Mensch, ähnlich einem Tennisspieler, seinen bevorzugten Ruhe- oder Ausgangspunkt. Der Tennisspieler erreicht zwar jeden Punkt seiner Hälfte, jedoch gibt es Punkte oder Zonen, die er nicht so gerne mag. Bälle dort anzunehmen fällt ihm schwer, dort mag er nicht hin, das liegt ihm nicht. Und jeder Tennisspieler hat seine Vorlieben und Abneigungen. Der eine spielt grundsätzlich von der Grundlinie aus, der andere stürmt sofort ans Netz.

So verhält es sich auch mit uns, auch wir haben einen bevorzugten Ausgangspunkt, unsere Homebase, von der aus wir das Feld bespielen. Und natürlich gibt es dadurch einen Bereich, den wir besser und lieber abdecken als andere. Haben wir die Wahl, dann ziehen wir uns am liebsten zurück in diesen bevorzugten Bereich.

Doch wo liegt dieser Punkt und wie finden Sie Ihren stärksten Bereich? Dazu finden Sie auf den nächsten Seiten eine detaillierte Anleitung, die es Ihnen Schritt für Schritt ermöglicht, Ihre eigene Analyse durchzuführen.

Doch zunächst lade ich Sie ein zu einer Selbsteinschätzung. Überlegen Sie sich doch jetzt gleich einmal, wo Sie selbst sich sehen und markieren Sie diesen Punkt auf dem Schaubild. Zeichnen Sie dann mit feinen Strichen ein Feld ein, von dem Sie glauben, dass Sie es gut „bespielen" können.

Fertig? Dann weiter zum Test.

Der Fragebogen und die grafische Umsetzung

Sie finden jetzt 40 Begriffe, sortiert in vier Spalten und zehn Zeilen (A bis J).

A	selbst-bewusst	begeistert	abwartend	perfekt
B	direkt	optimis-tisch	vorsichtig	genau
C	ziel-orientiert	impulsiv	geduldig	logisch
D	ehrgeizig	emotional	loyal	analytisch
E	hartnäckig	abenteuer-lustig	teamorien-tiert	sorgfältig
F	entschlos-sen	kreativ	zuverlässig	diploma-tisch
G	anspruchs-voll	innovativ	fleißig	akkurat
H	energisch	motiviert	verträglich	vorschrifts-mäßig
I	unmittelbar	freudig	hilfsbereit	qualitäts-bewusst
J	bestimmt	mitreißend	entspannt	systema-tisch
Gesamt	**M:**	**V:**	**S:**	**P:**

Der Fragebogen

Erinnern Sie sich nun an eine typische Situation, entweder an Ihrem Arbeitsplatz oder in der Familie. Wenn Sie eine Situation vor Augen haben, lesen Sie bitte die erste Zeile der Tabelle.

1. Wählen Sie dort aus den vier Wörtern der Zeile A dasjenige aus, das Ihrer Einschätzung nach am ehesten auf Sie zutrifft. Schreiben Sie eine „4" in das Kästchen vor dem Wort.

2. Die anderen Verhaltensweisen in der Reihe A versehen Sie in absteigender Reihenfolge mit „3", „2" und „1".

3. Genauso verfahren Sie mit den folgenden Zeilen. (Jede Zahl erscheint pro Zeile nur einmal)

Beachten Sie bitte: Es gibt keine falsche oder richtige Antwort, sondern lediglich Vorlieben für ein bevorzugtes Verhalten in dieser Situation.

4. Anschließend zählen Sie jede der vier Spalten zusammen und tragen die Summe im unteren Kästchen ein (die Gesamtsumme ergibt 100). Einen beispielhaft ausgefüllten Fragebogen und die Übertragung in ein Diagramm finden Sie auf der nächsten Seite.

5. Für Ihre persönliche Auswertung übertragen Sie nun die Zahlenergebnisse in die entsprechenden Diagonalen des Diagramms, vgl. ebenfalls nächste Seite. Sie finden die entsprechenden Buchstaben in den Spalten und in den Ecken des Diagramms. (Buchstabe M in Spalte 1, im Diagramm oben links. Buchstabe V in Spalte 2, im Diagramm oben rechts. Buchstabe S in Spalte 3, im Diagramm unten rechts. Buchstabe P in Spalte 4, im Diagramm unten links.)

6. Für die Zahlenwerte der Spalten finden Sie im Diagramm eingezeichnete Hilfslinien. Bitte übertragen Sie die addierten Punkte der Spalten auf die Diagonalen des Diagramms.

7. Verbinden Sie nun die Zahlenwertpunkte miteinander, bis sich bei Ihnen ein ähnliches Bild ergibt wie in der Abbildung auf der nächsten Seite.

A	selbst-bewusst **4**	begeistert **3**	abwartend **1**	perfekt **2**
B	direkt **3**	optimistisch **4**	vorsichtig **2**	genau **1**
C	zielorien-tiert **4**	impulsiv **3**	geduldig **2**	logisch **1**
D	ehrgeizig **3**	emotional **4**	loyal **2**	analytisch **1**
E	hartnäckig **2**	abenteuer-lustig **4**	teamorien-tiert **3**	sorgfältig **1**
F	entschlos-sen **4**	kreativ **3**	zuverlässig **1**	diploma-tisch **2**
G	anspruchs-voll **3**	innovativ **4**	fleißig **2**	akkurat **1**
H	energisch **3**	motiviert **4**	verträglich **2**	vorschrifts-mäßig **1**
I	unmittelbar **3**	freudig **4**	hilfsbereit **2**	qualitäts-bewusst **1**
J	bestimmt **3**	mitreißend **4**	entspannt **2**	systema-tisch **1**
Gesamt	**M: 32**	**V: 37**	**S: 19**	**P: 12**

Beispiel eines ausgefüllten Fragebogens

8. Sie sehen nun bereits Ihren bevorzugten Bereich. Im Bei-spiel ist dies die obere Hälfte mit einem Schwerpunkt im rechten Quadranten. Die Person ist also eher ein extro-vertierter Mensch mit Stärken in der Menschorientie-rung.

9. Um den bevorzugten Standpunkt zu bestimmen, kön-nen Sie nun zwei weitere Linien einzeichnen: Halbieren Sie dazu die eingezeichneten Linien und verbinden Sie die jeweils gegenüberliegenden Punkte.

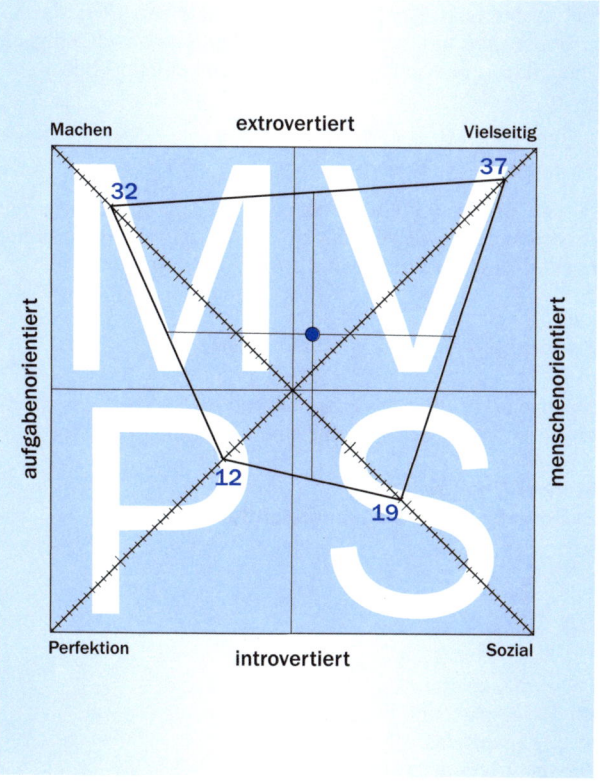

Die Beispielwerte im Diagramm

So, nun sind Sie an der Reihe. Folgen Sie einfach der Anleitung Schritt für Schritt und erstellen Sie so für sich Ihr Persönlichkeitsprofil aus den vier Bereichen.

Die Fragebogenspalte mit der höchsten Punktzahl repräsentiert Ihr am stärksten ausgeprägtes Verhalten. Die Punkte der anderen Felder zeigen die Tendenz Ihrer übrigen Verhaltensweisen entsprechend ihrer Ausprägung.

Sie werden feststellen, dass Sie Merkmale von allen Verhaltensbereichen besitzen. Dieser Test kann demnach lediglich Tendenzen aufzeigen, es gibt nicht den „einen Typ in Reinform".

Aber Sie werden erkennen, wo Sie sich besonders sicher und zuhause fühlen.

In den anderen Feldern können Sie sich möglicherweise ebenso sicher bewegen, jedoch verbunden mit einem höheren Aufwand an Energie und einiger Überwindung.

Erklärung der Persönlichkeitstypen

Doch was bedeutet das Ergebnis nun im Einzelnen, was verbirgt sich hinter den verschiedenen Persönlichkeitstypen?

Macher (Pragmatiker)
Extrovertiert und aufgabenorientiert

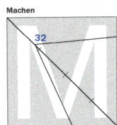

Persönlichkeitsmerkmale des Machers sind:
◆ Ergebnisse sind vorrangig
◆ ist anspruchsvoll
◆ sucht Herausforderungen
◆ tritt oft autoritär auf
◆ konsequent und direkt
◆ dominiert in Gesprächen
◆ übernimmt schnell die Leitung
◆ entscheidungsfreudig
◆ kann sich durchsetzen
◆ übernimmt Verantwortung

Weitere Merkmale des Machers sind:

- ◆ **Vorlieben**: anpacken, entscheiden
- ◆ **Abneigung**: Theorien, Beziehungsarbeit, wirkt auf andere sprunghaft
- ◆ **Ziel**: Das Umfeld formen, indem man Widerstand überwindet
- ◆ **Im Team**: Macher, Antreiber, wirkt oft grob
- ◆ **Grundangst**: bezwungen zu werden
- ◆ **Grundbedürfnis**: Unabhängigkeit
- ◆ **Motivation**:
  - Möglichkeiten, sich zu behaupten
  - sich mit anderen messen
  - zeigen, was man kann
  - sich Respekt verschaffen; gefürchtet sein; sich durchsetzen
  - um das Überleben kämpfen
  - erfolgreich sein
- ◆ **Risiko**: hängt andere Menschen ab

Entwicklungsmöglichkeiten:
- ◆ kurze Bedenkpausen einlegen, sich vom Drang des Vorwärtskommens nicht beherrschen lassen
- ◆ fachliches Können anderer achten lernen (nicht Konkurrenz, sondern Kooperationspartner erkennen)
- ◆ kooperative Gesprächsführung

Vielfältige (Gesellige)
Extrovertiert und menschenorientiert

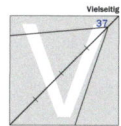

Persönlichkeitsmerkmale des Vielfältigen sind:
- ◆ hat vielfältige Interessen
- ◆ braucht viel Abwechslung (Routine und Detailarbeit ist unerträglich)

- benötigt viel Kontakt mit anderen
- redet gerne und viel
- motiviert sich und andere gut
- hat viele Ideen

Weitere Merkmale:
- Vorlieben: mit Menschen Ideen entwickeln
- Abneigung: allein Aufgaben zu erfüllen, Routinearbeit
- Ziel: das Umfeld formen, indem man andere einbindet
- Im Team: Optimist, Teamsprecher, sorgt für gute Laune
- Grundbedürfnis: akzeptiert zu werden
- Motivation:
  - Möglichkeit, Spaß zu haben
  - die Gefühle anderer verstehen
  - mit Menschen umgehen
  - Angst unterdrücken, indem man in Bewegung bleibt und Zeit und Mühe nicht aufrechnet
- Risiko:
  - verliert Ziele und Aufgaben aus den Augen
  - stellt sich in den Vordergrund
  - Zeitplan wird nicht eingehalten

Entwicklungsmöglichkeiten:
- andere nicht als Publikum missbrauchen
- für andere einstehen
- sich für andere interessieren
- sich fundiertes Wissen aneignen
- Einklang von Reden und Taten, Buntheit und Stille

Soziale (Friedvolle)
Introvertiert und menschenorientiert

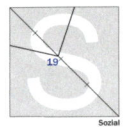

Sozial

Persönlichkeitsmerkmale des Sozialen sind:
◆ hat den Wunsch nach Stabilität und Harmonie
◆ braucht berechenbares, stabiles Umfeld
◆ hält sich gerne an festgelegte Arbeitsabläufe
◆ hilft anderen gerne
◆ kann schlecht Nein sagen
◆ guter Zuhörer
◆ entwickelt meist eine spezielle Fähigkeit

Weitere Merkmale:
◆ Vorlieben: mit Menschen im Kontakt sein und deren Wünsche erfüllen
◆ Abneigung: aufgrund von Fakten gegen Interesse anderer Menschen entscheiden
◆ Ziel: mit anderen zusammenarbeiten, um Ergebnisse zu erzielen
◆ Im Team: Arbeitstier, ordnet sich gut ein, alle haben gleiche Rechte und Pflichten
◆ Grundangst: alleine zu sein
◆ Grundbedürfnis: Sicherheit
◆ Motivation:
    – Möglichkeit, die wahren Gefühle auszudrücken
    – ablehnen, was seinen Vorstellungen widerspricht
    – von anderen wichtig genommen werden
    – Forderungen gegenüber anderen rechtfertigen
◆ Risiko:
    – verliert Ziele aus dem Blick
    – äußert wegen ausgeprägtem Harmoniebedürfnis keine Kritik
    – ordnet sich zu leicht unter

Entwicklungsmöglichkeiten:
◆ Aufrichtigkeit, Treue und Selbsttreue, Klarheit, Mut und Zukunftsorientierung
◆ Blick für Sachthemen
◆ klare Sprache, Schulung seiner Sprach- und Verhandlungsfähigkeit

◆ Nein sagen, naiv-liebliche Aura ablegen zu Gunsten von Kompetenz, Kontur und Tatkraft

Perfektionist (Analytiker)
Introvertiert und aufgabenorientiert

Persönlichkeitsmerkmale des Perfektionisten sind:
◆ schätzt klare Regeln
◆ strebt nach Perfektion
◆ hinterfragt kritisch
◆ wägt Pro und Kontra gründlich ab
◆ konzentriert sich auf Fakten
◆ will klar definierte Anweisungen und genaue Erwartungen
◆ berichtet ausführlich

Weitere Merkmale:
◆ Vorlieben: Berichte anfertigen und auswerten; Klarheit
◆ Abneigung: schnelle, unüberlegte Entscheidungen, zu viel Gerede, Menschen, die sich in den Vordergrund drängen
◆ Ziel: mit anderen über mögliche Konsequenzen von Aktivitäten reden
◆ Im Team: Pessimist, Skeptiker, hält andere oft für oberflächlich
◆ Grundangst: kritisiert zu werden
◆ Grundbedürfnis: Dinge richtig machen
◆ Motivation:
– Möglichkeit, andere fair zu behandeln
– die Welt verbessern
– Fehler ausmerzen
– die eigene Ansicht rechtfertigen

- alles nach einer einheitlichen Vorstellung beurteilen
- sich von bedrohlichen Dingen fernhalten

◆ Risiko: zu viel Genauigkeit, Absichern nach allen Richtungen

Entwicklungsmöglichkeiten:
◆ sich auch für den Menschen interessieren
◆ beim Gegenüber auf Gefühle achten
◆ Rapport (den guten Draht) zum anderen aufbauen
◆ Fünfe auch mal gerade sein lassen – besonders bei sich selbst, aber auch anderen gegenüber
◆ Pareto-Prinzip beherzigen: 20% des Aufwands bringen 80% Ergebnis; die letzten 20% des Ergebnisses kosten 80% Aufwand. (Und die letzten 5% dieser 20% brauchen allein 45% Aufwand!)
◆ bewusst angenehme Gesellschaft suchen
◆ sich selbst die Erlaubnis geben, nicht perfekt zu sein

Auswertung des Beispiels

Schauen Sie sich nun nochmals das Beispieldiagramm an und versuchen Sie, diesen Menschen etwas besser einzuschätzen. Stellen Sie sich dabei folgende Fragen:
◆ Wie und wo würden Sie ihn in Ihrem Team einsetzen?
◆ Welche Stärken sehen Sie bei ihm?
◆ Welche Eigenarten werden Sie in Kauf nehmen müssen?
◆ Wie ist die Stimmung in seinem Team?
◆ Würden Sie gerne mit ihm zusammenarbeiten?
◆ Kennen Sie so eine Person?
◆ Wen würden Sie mit in das Team geben?

Hier ein möglicher Analysevorschlag:
Der Mensch in unserem Beispiel wird sich bevorzugt Aufgaben im Team zuwenden. Dort kann er mit Optimismus und Kreativität für gute Kommunikation sorgen und Prozesse in

Gang setzen und am Laufen halten. Gerne wird er die Ergebnisse präsentieren und so versuchen, sich aus dem Team herauszuheben. Jedes Team braucht schließlich einen Teamsprecher.

Durch seine Nähe zum Macher verliert er die Ergebnisse nicht aus dem Blick, sie stehen jedoch nicht im Vordergrund, sondern werden eher „nebenbei" aufgrund der guten Atmosphäre im Team erzielt. Statistiken und Berichte fertigt er eher ungern, sie behindern ihn eher in seiner Arbeit. Er wird es also schätzen, dass jemand da ist, der diese „unliebsamen und weniger wichtigen" Arbeiten übernimmt und kann sich selbst nur schwer vorstellen, dass man an diesen Tätigkeiten Freude haben kann.

Ihm wird auch unklar bleiben, wieso einige Mitglieder seines Teams nie präsentieren möchten. Und ebenso hat er nur wenig Verständnis für schlechte Leistung und Menschen, die sich nicht selbst motivieren können und die nicht immer gut drauf sind. Denn: es ist ja alles gar nicht so schlimm.

Auswertung Ihrer eigenen Analyse

Und nun sind Sie wieder an der Reihe. Beginnen Sie zunächst mit dem Feld Ihrer größten Ausprägung. Markieren Sie die Eigenschaften, die auf Sie absolut zutreffen. Im zweiten Schritt streichen Sie die Dinge, die überhaupt nicht zutreffen, einfach durch.

Wiederholen Sie dies in Ihrem zweitstärksten Feld, dann im Feld mit der drittstärksten Ausprägung und zum Schluss in dem Feld mit den geringsten Punkten.

Nun fassen Sie die markierten Punkte in einem Kurztest zusammen, der Sie gut charakterisiert.

Fertigen Sie nun zwei Listen an:
◆ Zunächst konzentrieren Sie sich auf die Liste Ihrer ganz persönlichen Stärken. Diese Liste ist besonders wichtig. Sie enthält alle Eigenschaften und Fähigkeiten, die Sie

besonders machen und in denen Sie besser sind als andere Menschen.

◆ Anschließend können Sie eine zweite Liste mit Ihren Lernfeldern erstellen. Diese Liste kann Ihnen zeigen, wo Sie noch Entwicklung zulassen oder sogar aktiv anstreben können, um Ihre schwach ausgeprägten Eigenschaften auszugleichen.

Sie sollten jedoch wissen: Exzellenz auf einem Gebiet lässt sich niemals durch Ausgleich der Schwächen erreichen. Stärken Sie deshalb prioritär Ihre Stärken, um noch besser und erfolgreicher zu werden. Greifen Sie sich also die Bereiche heraus, in denen Sie schon sehr gut sind, in denen Ihre eigenen Ausprägungen liegen und bauen Sie genau diese Bereiche weiter aus.

◆ Arbeiten Sie gerne mit Zahlen? Dann bauen Sie hier Ihre Kenntnisse und Fähigkeiten noch weiter aus.
◆ Sie wünschen sich mehr Dynamik, Power und manchmal auch Durchsetzungsvermögen? Doch stattdessen überzeugen Sie eher mit Sympathie und Empathie? Dann lernen Sie, wie Sie diese großartigen Fähigkeiten noch besser einsetzen können. Steigern Sie Sympathie und Empathie und werden Sie doch einfach „Empathie-Weltmeister". Sie werden mit noch mehr Spaß und Erfolg belohnt – beruflich und privat.

2.3 Einführung in die Erfolgscampus-Analyse-Methode

Die zweite Persönlichkeitsanalyse-Möglichkeit, die ich in diesem Buch vorstellen möchte, ist die Erfolgscampus-Analyse-Methode.
Hier gibt es lediglich drei Grundtypen: Den Dynamiker, den Logiker und den Sympathiker.

Aber auch hier gilt: den Rein-Typ einer Ausprägung gibt es nicht. Jeder von uns trägt alle Anteile in sich, jedoch in unterschiedlicher Zusammensetzung.

Und jeder Anteil steht für eine bevorzugte Vorgehens- oder Handlungsweise. Das zu wissen wird später wichtig sein, wenn Sie anfangen, sich mit dem Gesichterlesen zu beschäftigen.

Die Grundtendenzen der drei Typen

Mein Tipp zur Vorgehensweise: Lernen Sie zunächst Ihre eigene Persönlichkeitsstruktur kennen, um dann im zweiten Schritt auch die Grundtendenzen von Menschen, mit denen Sie zu tun haben, zu erkennen.

Persönlichkeitsmerkmale des Dynamikers

◆ Natürliche Autorität und Streben nach Führungspositionen ist dominant
◆ Spontane, augenblickliche Entscheidungen
◆ Praktisches Denken und starker Realitätsbezug
◆ Erfolgsmerkmal: Mitreißen

Persönlichkeitsmerkmale des Logikers

◆ Braucht Zeit und Abstand beim Aufbau zwischenmenschlicher Beziehungen
◆ Planung und Konsequenz in allen Lebensfragen
◆ Ordnungsliebe, systematisches und abstraktes Denken
◆ Erfolgsmerkmal: Überzeugen durch Fakten

Persönlichkeitsmerkmale des Sympathikers

◆ Menschliche Beziehungen sind lebenswichtig und werden schnell gefunden
◆ Erfahrungen und Vertrautes sind die wichtigsten Orientierungshilfen
◆ Intuition ist stark ausgeprägt
◆ Erfolgsmerkmal: Sympathie

Sie kennen Ihre eigene Persönlichkeitsstruktur und die Grundtendenzen der Menschen, mit denen Sie zu tun haben. Dann können Sie Verhaltensweisen ableiten und gezielt auf einzelne dieser Komponenten eingehen, um sich den Zugang zu anderen Menschen zu erleichtern.

Im Folgenden gebe ich Ihnen einige weitere Alltagshilfen. Sie werden Ihnen sowohl dabei helfen, die Grundtypen zu erkennen, als auch eine verbesserte und schnellere Ansprache bei Menschen zu erreichen, von denen Sie wissen, welche bevorzugte Ausprägung diese Menschen haben.

Gleichzeitig ist es für Sie eine gute Übersicht, um zu erkennen, wo Ihre eigenen Stärken und gleichzeitig auch Schwächen liegen. Denn wie überall sind die Bereiche Ihrer persönlichen Stärken auch gleichzeitig Ihre möglichen Schwächen.

> Wenn Sie beispielsweise in der Lage sind, Entscheidungen blitzschnell zu treffen, dann ist das zweifellos eine große Stärke. Doch es kann auch sein, dass Sie Entscheidungen auch dann schnell treffen, wenn gar keine Eile geboten ist. Die mögliche Schwäche wäre hier, dass Sie sich manchmal unnötig selbst unter Druck setzen und so gelegentlich vorschnell entscheiden.

Wichtige Eigenarten der drei Persönlichkeitstypen

	Dynamiker	Logiker	Sympathiker
Umgang mit der Zeit:	Unter Zeitdruck werden die besten Leistungen erbracht, ohne den Überblick zu verlieren.	Ruhig und ausgeglichen wird die Zeit minutiös geplant, um dann genau nach diesem Zeitplan vorzugehen.	Großzügig und ohne festes Raster wird die Zeit genutzt, ohne dabei in Hektik oder Eile zu verfallen.

	Dynamiker	Logiker	Sympathiker
Kommunikation:	Drückt sich knapp und deutlich mit praktischem Bezug aus, ohne dabei weitreichende Konsequenzen und bestimmte Gefühle zu bedenken.	Versucht eindeutige und umfassende Formulierungen zu treffen, die als Denkmodelle ohne Gefühlsunterlegung für andere allgemein gelten sollen.	Mit Gefühl und etwas „indirekt" werden Aussagen diplomatisch und einfühlsam getroffen, ohne eine Strategie oder 100-%-ige Umsetzung zu verlangen.
Aufgabenplanung:	Praktisch orientierte Umsetzungsaufgaben, die rasches und zupackendes Handeln auf Grundlage klarer Anweisungen mit Freiraum erfordern.	Denkaufgaben, welche langes Überlegen und Abwägen verlangen, somit ohne Zeitdruck durchgeführt werden können.	Teamorientierte Aufgaben, die das Einordnen verlangen und die ohne große Hektik möglichst mit Routine zu erbringen sind.
Führungseffizienz:	◆ selbstsicher ◆ Macher/Antreiber ◆ Krisenmanager	◆ argumentativ ◆ fachlich orientiert ◆ Zahlenmanager	◆ teamorientiert ◆ Ratgeber ◆ Klimamanager
Verhalten im privaten Bereich:	◆ verlässlich ◆ klare Ziele ◆ nicht nachtragend	◆ abwartend ◆ geordnet ◆ verletzbar	◆ gefühlvoll ◆ offen ◆ opferbereit

	Dynamiker	Logiker	Sympathiker
Teament-wicklung:	Als Füh-rungstyp muss stets der eigene Freiraum im Team beach-tet werden, wobei die Teammitglie-der sich unter-ordnen sollen.	Konsequent und diszipli-niert werden Teams ge-formt, die nach klaren Anweisungen im vorgegebe-nen Rahmen zusammenwir-ken.	Menschen werden im Team behut-sam angelei-tet, sich ge-fühlsmäßig wohlzufühlen und deswegen bestmöglichst ins Team ein-zubringen.
Esoteri-sche Auf-geschlos-senheit:	eigene Erfah-rung zählt	Verstand und Logik ent-scheidend	innere Erfah-rungen auf allen Ebenen
Sport und Freizeit:	◆ Wett-kampftyp ◆ risiko-freudig	◆ ausdau-ernder Einzel-gänger ◆ wohl über-legt	◆ Mann-schaftstyp ◆ just for fun
Trend in Bezug auf die Per-sönlich-keitsent-faltung:	◆ Power einsetzen ◆ Tatkrafttyp	◆ Ziele und Strategien reifen lassen ◆ Sprechtyp	◆ Intuition entwickeln ◆ Vertrau-enstyp
Aufge-schlossen-heit Neuem ge-genüber:	◆ stark auf-geschlos-sen ◆ Neues reizt	◆ zuerst überlegen ◆ alles wird geprüft	◆ abwartend, zögernd ◆ Abneigung

	Dynamiker	Logiker	Sympathiker
Zeitmanagement und Zeitplanung:	◆ grobe Einteilung ◆ Luft für Freiräume	◆ exakte Planung ◆ wenig flexibel	◆ meist nicht vorhanden ◆ unsystematisch
Dominierende Belastbarkeit:	körperlich	verstandesmäßig	gefühlsmäßig
Impulsivität:	jederzeit abrufbar	langes Überlegen	unentschlossen
Durchsetzungsvermögen:	ohne Rücksicht auf Verluste	strategisch abgewogen	selten gegeben
Einsatzwille:	bis zum Äußersten	bis zu einer gewissen Grenze	am liebsten im Team abrufbar
Aufgabenorientierung:	Praxis steht im Vordergrund	Planung/Denken ist wichtig	in Verbindung mit Menschen
Leistungsfähigkeit:	bestens trainiert	gute Dosierung	schwankend
Leistungsbereitschaft:	bei großen Anlässen voll gegeben	für komplexe Fälle abrufbar	wenn gutes Gefühl vorhanden ist
Fitness durch:	körperliches Training	Denksportaufgaben	Gesellschaftsaufgaben

	Dynamiker	Logiker	Sympathiker
Lebens-vision:	viel erreichen	gezielt vorgehen	gut leben
Bewälti-gung von Gefühlen:	wird nach außen nicht gezeigt	wird durch den Verstand übertüncht	Gefühle werden eher offen gezeigt
Flexi-bilität:	stete Herausforderung	mit Überlegung	wird vermieden

Vor- und Nachteile der drei Persönlichkeitstypen

Hier nochmals zusammengefasst die typischen Merkmale der einzelnen Persönlichkeiten in Reinform – und nochmals der Hinweis:

Diese Reinform werden Sie normalerweise nicht finden, alle Menschen sind Mischformen aus allen drei Persönlichkeitstypen.

Der Dynamiker
Spontane Menschen zeichnen sich im Regelfall dadurch aus, dass sie aus dem Augenblick heraus entscheiden – ohne lange zu überlegen. Sie nutzen sozusagen die Gunst der Stunde. Vorteilhaft ist dabei, dass rasch gehandelt wird.
Nachteilig ist unter anderem die Tatsache, dass meist ohne Plan und ohne große Überlegung agiert wird. Dies bedeutet, dass abzusehende Fehler von vornherein nicht beachtet werden.

Der Logiker

Es gibt Menschen, die sich nur wohlfühlen, wenn sie mögliche Zukunftsentwicklungen durch exakte Planung vorwegnehmen können. Möglichst viele Informationen sind dafür notwendig.

Vorteilhaft ist es hier, dass eine Fülle von Informationen relativ viel Stoff für detaillierte Planungen liefert. So können die zukünftigen Entwicklungen rechtzeitig eingeleitet werden.

Nachteilig ist, dass vor lauter Zukunftsausrichtung die Gegenwart zum Handeln meist ungenutzt bleibt. Zudem geraten Logiker sehr schnell ins Straucheln, wenn es bei der Umsetzung nicht so kommt wie geplant. Gefühlsmäßige Impulse werden oft ungeprüft vom Verstand wegrationalisiert.

Der Sympathiker

Multioptionale Menschen können sich fast nie zu irgendetwas entschließen. Je mehr Informationen auftauchen, desto weniger wollen sich diese Menschen entscheiden.
Kreativität und Innovation sind eine absolute Stärke dieser Menschen. Ein weiterer Vorteil ist, dass temporäre Entwicklungen die zu treffenden Entscheidungen überflüssig machen.

Diese Strategie des Hinhaltens und Verzögerns ist allerdings auch oft der Grund, weshalb Chancen vertan werden.

Beispiel einer Verteilung der drei Persönlichkeitstypen

Sie haben ja bereits erfahren, dass die Gesamtanalyse in drei Persönlichkeitsbereiche aufgeteilt ist: Erkenntogramm (Auftreten in der Öffentlichkeit), Zyklogramm (interne Entscheidungsprozesse) und Strategogramm (langfristige strategische Entscheidungen).

Sie haben auch erfahren, dass es eine grundsätzliche Beschreibung der drei Persönlichkeitstypen gibt, das ist die Hauptauswertung. Daneben werden noch sehr viele Kriterien einzeln betrachtet – einen Überblick über einige der Kriterien gibt Ihnen die Tabelle S. 48.

Sowohl bei der Hauptauswertung als auch bei den Kriterien können und müssen auf die drei Typen jeweils 405 Punkte vergeben werden, wobei das Maximum je Typ 220 Punkte sind. Das bedeutet, niemand kann mehr als 220 (von 405) Punkte eines Typs erhalten.

Nehmen wir nun einmal an, eine Person erhält in der Hauptauswertung folgendes Ergebnis:
◆ Dynamiker = 180
◆ Logiker = 80
◆ Sympathiker = 145

Hier dominiert der Anteil des Dynamikers doch sehr stark. Der Aspekt des Dynamikers wird diesen Beispielmenschen führen.
Am zweitstärksten ist der Sympathiker ausgeprägt. Dieser Aspekt wird unseren Menschen unterstützen.
Der dritte Aspekt, der des Logikers, dient den beiden anderen Aspekten und macht die Persönlichkeit rund.

Wie bei dem anderen Verfahren lässt sich natürlich auch dieses Ergebnis grafisch darstellen. Entweder als Balkendiagramm oder eben auch auf den drei Achsen, vgl. nächste Seite.
Wenn Sie die entsprechenden Werte auf den Achsen abtragen, dann erhalten Sie ein Dreieck, das eine Fläche einschließt. Diese Fläche entspricht Ihrem ganz persönlich bevorzugten Handlungsrepertoire.

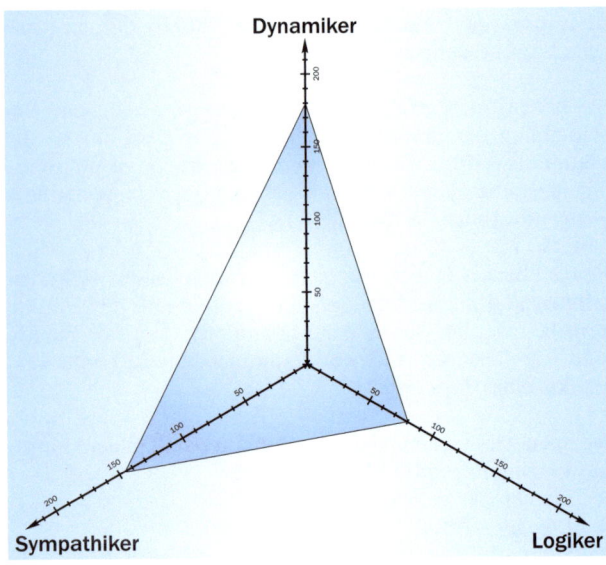

Verknüpfung der drei Typen mit der Gesamtheit des Menschen

Eine mögliche und geläufige Erklärung, aus welchen Teilen der Mensch besteht, ist die Einteilung in Körper, Seele und Geist:

◆ Dabei steht der Körper für alles Sicht- und Fassbare, das Materielle.
◆ Die Seele verkörpert das Gefühl.
◆ Der Geist steht für alles Rationale.

Demnach stünde der Logiker für den Geist, der Sympathiker für die Seele (das Gefühl) und der Dynamiker für den Körper.

Unter diesem Blickwinkel wäre es so, dass der Logiker bei einer neuen Aufgabe sich zunächst auf die geistige Ebene zurückzieht, sich Gedanken macht, das Für und Wider abwägt, Pläne ausarbeitet und für alle eventuellen Fragen nach Antworten sucht.

Der Sympathiker wäre darauf bedacht zu schauen, wie es ihm und allen anderen Menschen mit dieser neuen Aufgabe geht. Für ihn stünde im Vordergrund, dass alle von der Notwendigkeit überzeugt sind. Persönliche Härten wird er versuchen zu umgehen oder auszugleichen, indem er Ausnahmen und Sonderregelungen für sich und seine Mitmenschen schafft.

Und der Dynamiker, vom Körper und dem Drang zu handeln getrieben, fängt dann gleich schon mal an. Auch wenn er noch nicht so richtig weiß, womit genau und ob das dann nachher als richtig erkannt wird, er muss einfach mal anfangen. Hinterher kann man das ja dann immer noch ändern oder notfalls auch wegwerfen.

Aber denken Sie daran, es gibt weder eine Reinform noch eine ideale Kombination. Wir alle sind Mischformen mit unterschiedlich starker Ausprägung. Auch bei den einzelnen Kriterien, die Sie in den Alltagshilfen kennen gelernt haben, können wir völlig unterschiedlich ausgeprägt sein – und das ist gut so.

2.4   Wie Sie Ihr neues Wissen einsetzen können

Lernen Sie zunächst einmal sich selbst besser kennen, ordnen Sie sich den einzelnen Kategorien zu, eventuell auch mit unterschiedlichen Ausprägungen. Unterstreichen Sie, was absolut zutrifft und streichen Sie durch, was überhaupt nicht auf Sie zutrifft. So erhalten Sie ein sehr verlässliches Bild von sich selbst.

Erkennen Sie dann im nächsten Schritt die Menschen, mit denen Sie zu tun haben, anhand der Kriterien noch besser.

Verschaffen Sie sich bei diesen Menschen einen besseren und einfacheren Zugang, indem Sie ganz gezielt auf einzelne dieser Komponenten eingehen – z.B. indem Sie genau die betreffenden Punkte ansprechen und/oder die Verhaltensweisen für Ihr eigenes Handeln ableiten.

Auf den Punkt gebracht:

- Es gibt eine Vielzahl von Methoden zur Persönlichkeitsanalyse.

- Den Typ in Reinform gibt es nicht. Wir haben alle etwas von allem, jedoch in unterschiedlicher Zusammensetzung.

- Freunden Sie sich mit Ihrem Ergebnis an und konzentrieren Sie sich auf Ihre ganz individuellen starken Seiten.

- Stärken stärken geht vor Schwächen ausgleichen. So werden Sie noch einzigartiger, noch individueller.

- Versuchen Sie, zumindest gelegentlich, Menschen nach deren Stärken, statt nach den Schwächen zu beurteilen.

3 Mensch – wer sind die anderen?

Von Gleichheiten und Gegensätzen

Wenn nur alle so wären wie ich – wäre die Welt dann tatsächlich in Ordnung? Wie erkennen wir Gleichheiten und Gegensätze und wo und wie nützen diese?

3.1 Welche Typen gibt es außer mir und wie komme ich mit ihnen klar?

So, nun wissen Sie also gut Bescheid, was für ein Typ Sie sind. Und was ist mit den anderen? Sind die auch in Ordnung? Oder sind die anderen „doof"? Einfach weil sie so anders sind, anders als Sie?

Wenn Sie selbst einmal erleben wollen, wie es den anderen Typen geht, dann bilden Sie das Achsenkreuz von oben einfach mal auf dem Boden ab. Das geht ganz leicht mit zwei Seilen, Krawatten, etwas Kreppband oder Elektrokabel.
Beschriften Sie die Achsen mit den bekannten Bezeichnungen „extrovertiert – introvertiert" sowie „aufgabenorientiert – menschenorientiert" und stellen Sie sich anschließend an den Punkt, den Sie als „Ihren" Heimatpunkt ausgemacht haben. Bleiben Sie dort einfach mal eine Weile stehen und achten Sie auf Ihre Gedanken, Gefühle, Stimmungen, Körpersignale.
Und nun laufen Sie einmal etwas in den Feldern umher. Suchen Sie ganz bewusst die Gegenposition Ihres Lieblingspunktes auf, indem Sie über den Schnittpunkt der beiden Achsen gehen. Achten Sie nun darauf, wie es sich hier anfühlt. Was ist anders?

So fühlt sich ein Mensch, der „eigentlich" ganz anders ist, das genaue Gegenteil von Ihnen.

Gehen Sie noch etwas umher, gehen Sie ganz bewusst in die äußersten Ecken und lernen Sie alle Ihre Mitmenschen nochmals neu kennen. Versuchen Sie dabei Verständnis zu haben für die anderen – und auch für sich.

Und prüfen Sie doch einmal für sich, was für Sie besser passt: „Gleich und Gleich gesellt sich gern" oder doch eher „Gegensätze ziehen sich an".

3.2 Gegensätze ziehen sich an

Was für Magnete gelten mag, trifft für die Menschen, zumindest im Beruf, doch eher selten zu: zu große Abweichungen wirken hier eher störend.

Die Unterschiede sollen ständig ausgeglichen werden, sei es zwischen den Technikern und Kaufleuten – oder auch zwischen den Kulturen.

Nur wenige Firmen und Führungskräfte erkennen, welches Potenzial eigentlich in der Andersartigkeit liegt. Hier ergänzen sich Fähigkeiten und Eignungen in geradezu perfekter Weise.

Was der eine nicht kann oder nicht gerne tut, das macht dem anderen geradezu Vergnügen – und er schafft es mit Leichtigkeit und in kürzester Zeit.

> In Beratungen von Firmen, beim Bilden von Teams und wenn es darum geht, neue Stellen zu besetzen, ist es wichtig, ganz bewusst auf die „Unterschiede" der Menschen einzugehen und möglicherweise die extremsten Gegensätze, die es nur gibt, an Bord zu holen.

Deutlich wird dies am Beispiel einer Fußballmannschaft: Richtig rund und erfolgreich wird eine Mannschaft erst durch die unterschiedlichen Charaktere, Positionen und Menschen.

Gegensätze bei Menschen ziehen einander also nicht automatisch an, eher im Gegenteil: wir finden Menschen gut, die so sind wie wir, zumindest ähnlich. Sie tun jedoch gut daran, wenn Sie für Ihr Team, für Ihren Betrieb die Gegensätze ganz bewusst anziehen, indem Sie Freiräume schaffen für Andersartigkeit, anderes Vorgehen, andere Meinungen, andere Interessen, anderes Temperament.

3.3   Gleich und Gleich gesellt sich gern

Tatsächlich ist es so, dass wir eher die Gesellschaft von Menschen suchen, die uns ähnlich sind, die dieselben Werte haben und die wir „blind" verstehen.

Der Volksmund kennt dafür einige Redewendungen wie: „Der spricht unsere Sprache", „Das ist einer von uns" oder „Der ist wie wir". Damit erklären sich dann die Gemeinsamkeiten, sowohl in Sprache, Kultur und Erfahrungen und in den Werten, also woran jemand glaubt.

Es ist auch erwiesen, dass wir schneller Vertrauen aufbauen und geben, wenn uns jemand ähnlich ist. Das kann ganz bewusst eingesetzt werden – und wird es auch.

Es beginnt mit der Kleidung, indem der Verkäufer versucht, sich so zu kleiden, wie es seine Kunden für gewöhnlich tun. Und es geht weiter über Hobbys, Interessen, Sprache, Wortwahl bis hin zur Sprechgeschwindigkeit und dem Atemrhythmus.

Menschen, die so sind wie wir, finden wir in der Regel gut. Und darin liegt auch die große Gefahr: plötzlich sind sich alle irgendwie ähnlich. Im Team, im Betrieb, im Wohnviertel – alle sind ungefähr im gleichen Alter, fahren ungefähr die gleichen Autos, haben ungefähr die gleichen Jobs, die gleichen Meinungen, Gesinnungen, Interessen.

Das geht dann so weit wie letztlich bei einem meiner Aufträge: Der alte Geschäftsführer scheidet in einigen Jahren altersbedingt aus dem Betrieb aus und sucht seinen Nachfolger. Schon nach kurzer Zeit hörte ich: „Einfach wird der Auftrag aber nicht. Schließlich suchen wir „die Eier legende Wollmilchsau" – im Grunde genommen einen wie mich."

Und tatsächlich ist es auch so. Viele Mitarbeiter werden eingestellt, weil sie in vielen Belangen dem Chef doch recht ähnlich sind. Und plötzlich wimmelt es von lauter kleinen Chefs.

Auf den Punkt gebracht:

◆ Sie kennen Sprichworte wie: „Gleich und Gleich gesellt sich gern" und „Gegensätze ziehen sich an". In der Praxis gilt eher: „Gleich und Gleich" gesellt sich gern. Das bürgt für mehr Harmonie.

◆ Was im Privaten eine Erfolgsformel sein kann, birgt im Beruf eine große Gefahr - gerade im Beruf lebt die gesamte Firma vom gepflegten Unterschied, schließlich gibt es vielfältige Aufgaben und Anforderungen.

◆ Suchen Sie für ein Team ganz bewusst und konsequent nach „dem Anderen".

◆ Nutzen Sie die Gegensätze ganz bewusst für Reibungsflächen, an denen das Ergebnis auf Hochglanz poliert wird.

4 Mensch – wie lerne ich dich kennen?

Eine Reise in die Welt des Gegenübers

Jeder Mensch ist einzigartig. Das ist gut so. Doch es gibt ein paar Dinge, die wir, egal wie einzigartig wir auch sind, mit anderen Menschen gemeinsam haben. Diese Dinge verbinden uns, machen uns Mitmenschen ähnlicher und ermöglichen es uns, unter Wahrung aller Unterschiede Gemeinsamkeiten mit anderen Menschen festzustellen.

4.1 Was Worte über Menschen verraten

Die Welt nehmen wir durch unsere Sinneskanäle wahr, wir erleben unsere Umgebung durch unsere fünf Sinne: wir sehen, wir hören, wir fühlen, wir riechen, wir schmecken. Doch selbst zwei Menschen, die sich zur selben Zeit am selben Ort aufhalten, werden ganz unterschiedliche Dinge wahrnehmen und erleben. Woher kommt das?

Nun, jeder Mensch hat seinen eigenen persönlichen Fokus, er entscheidet, worauf er am meisten Aufmerksamkeit und Achtsamkeit legt.

> So wird jede Person einen Raum und die Verhältnisse darin anders beschreiben: bei dem einen kann die Temperatur entscheidend sein, bei dem anderen die Lautstärke und beim Dritten die Helligkeit eines Zimmers.

Wir erhalten also als Einschätzung immer eher eine subjektive Meinung als eine objektive Zustandsbeschreibung.

Und jeder Mensch nutzt die Sinneskanäle, die ihm zur Verfügung stehen, in seiner eigenen persönlichen Ausprägung und Präferenz.

Von den fünf Sinnen – Sehen, Hören, Fühlen, Riechen, Schmecken – wird in der Regel einer dominieren. Dies ist unser persönlicher Hauptrepräsentationskanal. Er ist dafür verantwortlich, mit welchen Organen wir unsere Umgebung und unsere Menschen hauptsächlich und in erster Linie wahrnehmen.

Da hauptsächlich die drei Sinne Sehen, Hören und Fühlen als Hauptrepräsentationskanäle vorkommen, lassen sich die Menschen ganz grob diesen drei Kategorien zuordnen. Deshalb wird oft vom visuellen Typ, vom auditiven Typ und vom kinästhetischen Typ gesprochen:

◆ Der visuelle Typ nimmt die Welt in erster Linie durch das Sehen war. Seine Welt ist hauptsächlich bestimmt durch optische Impulse. Er *sieht* die Welt mit seinen Augen. Wenn alles für ihn im *hellen Licht strahlt, blickt* er optimistisch in die Zukunft.
◆ Der auditive Typ ist hauptsächlich geleitet vom Hören. Er *hört* überall ganz genau hin, *lauscht* den *Klängen* der Natur, und wenn ihm etwas gefällt, dann *klingt* das wie *Musik in seinen Ohren.*
◆ Der kinästhetische Typ dagegen ist geleitet vom Fühlen. Ihm ist wichtig, dass sich etwas gut und stimmig *anfühlt*, er bevorzugt eine wohlige *Atmosphäre* und spürt schnell, wenn es irgendwie *holprig* wird.

Schauen Sie sich die Sätze jetzt nochmal an und beachten Sie dabei besonders die kursiv gesetzten Wörter. Menschen, die dem jeweiligen Typus entsprechen, werden bevorzugt diese Wörter verwenden. Ein Visueller wird also Wörter bevorzugen, die das Sehen beschreiben. Ein Auditiver verwendet Wörter, die das Hören beschreiben, und ein Kinästhet liebt Wörter, die Gefühle beschreiben.

Doch was passiert nun, wenn ein Visueller mit einem Auditiven und einem Kinästhet zusammentrifft und keiner weiß, dass es auch andere Möglichkeiten gibt, die Welt zu erleben und wahrzunehmen? Der Visuelle wird alles ganz klar sehen, für den Auditiven hört sich das etwas fremd an und der Kinästhet fühlt sich gar nicht wohl.

Im Extremfall werden alle drei am Ende den Eindruck haben, dass sie die beiden anderen überhaupt nicht verstanden haben, die ganze Zeit aneinander vorbeigeredet haben. Dabei haben sich doch alle drei so sehr bemüht. Alle drei wollten doch, dass es gut wird und waren immer voll bei der Sache.

Doch jeder von den dreien war immer nur in seiner Welt und hat versucht, sie den beiden anderen mit seinen Worten zu erklären.

Eine Möglichkeit, Menschen besser verstehen zu können und gleichzeitig von anderen Menschen besser verstanden zu werden, ist „ihre Sprache" zu sprechen.

Achten Sie einmal genau auf die Worte, die Ihr Gegenüber verwendet und stellen Sie fest, welchen Hauptsinneskanal es besitzt. Wichtig: stecken Sie Ihren Mitmenschen nicht in eine Schublade, sondern begegnen Sie ihm in seiner Welt. Benutzen Sie, wann immer es Ihnen möglich erscheint, Worte, die seinem Typ entsprechen.

Im Ergebnis werden Sie höchstwahrscheinlich mit einer müheloseren und einfacheren Kommunikation belohnt und haben einen wichtigen Schritt getan, um Menschen besser zu verstehen.

Die Tabelle zeigt Ihnen nochmals, woran Sie Menschen mit dem jeweiligen Hauptkanal erkennen können und welche Wörter sie bevorzugen.

	Visueller	Auditiver	Kinästhet
Bevorzugt:	Sehen	Hören	Fühlen
Verwendet häufig Wörter und Redewendungen wie:	Das sieht gut aus. Ich habe das Bild schon vor Augen. Ich sehe es schon kommen. Da fehlt noch ein Stück zum fertigen Bild. Das sehe ich gar nicht ein.	Das hört sich gut an. Das tönt wie Musik in meinen Ohren. Ich höre die Leute schon sagen. Das klingt noch etwas unfertig. Der Ton macht es aus.	Das fühlt sich gut an. Das gibt mir ein gutes Gefühl. Dabei fühle ich mich unwohl. Irgendwas stört da noch. Da fühle ich mich unbehaglich.

Wichtig: Diese Einteilung soll nicht dazu dienen, die Menschen in Schubladen zu stecken, sie soll vielmehr dabei helfen, den anderen im Ansatz besser zu verstehen. Natürlich ließe sich noch viel mehr sagen über die einzelnen Typen, ihre Vorlieben, Eignungen und Fähigkeiten.

4.2 Zeige mir deine Handlung und ich sage dir, wer du bist

Neulich, als ich vom Joggen heimkomme, sehe ich sie wieder. Sie wohnt bei mir in der Nachbarschaft und ist mir schon öfters aufgefallen wegen ihres schnellen Gangs. Nein, stimmt nicht, sie rennt. Ja, sie ist die Frau, die immer rennt. Sie rennt vom Haus zu der Garage, von der Garage zum Haus, sie rennt einfach immer.
Letzten Sommer habe ich sie gesehen, da fuhr sie mit dem Auto los, die Einkaufstasche lag allerdings noch auf dem Autodach. Ein Passant, der sie darauf aufmerksam machen wollte, musste sich jedoch massiv in den Weg stellen, denn eigentlich hatte sie „gar keine Zeit, um anzuhalten".

Diese Frau, werden Sie jetzt vielleicht denken, hat eben zu viel zu tun und mächtig Stress. Stimmt, da haben Sie absolut Recht.
Doch ich bin überzeugt, selbst wenn Sie ihr die Hälfte der Arbeit abnehmen würden, die Frau würde noch immer rennen, zumindest jedoch laufen – aber niemals normal gehen.

Es gibt „innere Programme", die uns tun lassen, was wir tun, und die vor allem bestimmen, wie wir es tun. Deshalb werden diese inneren Programme auch Antreiber genannt. Bekannt sind fünf Antreiber. Jeder von uns hat mindestens einen, eher jedoch mehrere, die in unterschiedlicher Ausprägung und Stärke vorhanden sind, um unser Leben und unser Handeln zu bestimmen – und dadurch eben auch unser Denken über andere Menschen.
Schauen Sie sich im Folgenden einmal diese fünf Typen an. Vielleicht erkennen Sie ja jemanden wieder? Und stellen Sie sich doch einmal kurz vor, wie es wohl ist, wenn ein Typ auf einen anderen Typ trifft. Ob da immer alles so glattläuft?

Antreiber-Typ 1: Sei perfekt

Dieser Typ 1 lässt sich durch nichts aus der Ruhe bringen. Er arbeitet absolut in seinem Tempo und ihm fügt es fast schon körperliche Schmerzen zu, wenn er „nur halbe Arbeit" abliefern würde. Mit der Folge, dass er oft lieber gar nichts abliefert oder zu spät. Weil es ja noch nicht perfekt war.

Umgekehrt findet er in der Arbeit seiner Mitmenschen hundertprozentig auch noch den letzten Kommafehler und zieht dadurch auch schon mal die ganze Arbeit in Zweifel. „Wer so schlampig schreibt, der recherchiert bestimmt auch so." (Merken Sie? Der Halo-Effekt lässt grüßen.)

Selbst das Streichen eines Butterbrotes erfolgt nach genauen Regeln mit anschließender strenger Qualitätskontrolle. Schließlich ist es „völlig klar", wie ein Butterbrot auszusehen hat – nicht nur hinsichtlich Dicke und Verteilung der Butter, auch die Brotscheibe selbst braucht die Normdicke, an jeder Stelle natürlich.

Schwierig wird es für Typ 1 in neuen, unbekannten Situationen. Denn da fehlt ihm der Vergleich dazu, was richtig und gut ist – oder besser. Oder gar perfekt.

Antreiber-Typ 2: Beeil dich

Kennen Sie jemanden, der immer vor den anderen fertig ist? Der sich selbst – und meist auch andere – permanent zur Eile ermahnt? Alles muss schnell gehen. Das ist unser Typ 2. Bei ihm wird selbst das Einnehmen von Mahlzeiten als Wettbewerb gewertet und er achtet sehr darauf, nicht als Letzter fertig zu werden. Das passiert eh nie, meistens ist er Erster.

Normales Gehen kennt Typ 2 nicht. Entweder läuft er oder er rennt. Selbst auf kürzesten Strecken legt er noch einen kleinen Sprint ein, um im Zweifel kurz darauf umzudrehen und wieder zurückzusprinten – weil er doch noch etwas vergessen hat.

Antreiber-Typ 3: Streng dich an

Dass jemand rennen muss, versteht der Typ 3 nun gar nicht. So etwas gibt es einfach nicht. Warum gibt sich Typ 2 nicht etwas mehr Mühe? „Kein Wunder, dass der immer rennen muss, er strengt sich halt nicht an. Was man nicht im Kopf hat, hat man eben in den Beinen. Sowieso unverständlich, dass manche Menschen so leichtfertig durchs Leben gehen, die haben den Ernst des Lebens einfach noch nicht verstanden. Manche Menschen strengen sich ja nicht mal beim Essen an, hinterlassen dann überall Krümel, anstatt dass sie sich einfach mal etwas mehr Mühe machen – und den anderen dadurch Arbeit ersparen."

Für Typ 3 ist das Leben ein Kampf: „Wer sich nicht genug Mühe gibt, den bestraft das Leben. Auch damit, dass er alle Wege doppelt gehen muss."

Antreiber-Typ 4: Sei gefällig

Es gibt aber auch jemanden, der nichts lieber macht, als anderen zu helfen. Wenn er nur ahnt, dass jemand Hilfe brauchen könnte, lässt unser Typ 4 seine eigene Arbeit sofort liegen und eilt zu Hilfe. Nur zu gerne erweist er seinen Mitmenschen kleine und große Gefälligkeiten, völlig ohne Hintergedanken.

Typ 4 kommt selbst gar nicht zum essen. Ständig steht er auf, holt noch Dinge aus der Küche, auch wenn diese niemand braucht, legt Ihnen gern nach, auch wenn Sie nicht wollen, oder stellt Ihnen vielleicht auch Glas, Leckereien etc. so nah an Ihren Teller, dass Sie sich bald vorkommen wie eingemauert.

Antreiber-Typ 5: Sei stark

Glücklicherweise gibt es unseren Typ 5, der macht alles selbst weg. Er lässt sich eh nur sehr ungern helfen. Als Standardsatz, wenn ihm jemand helfen will, sagt er immer:

„Danke, das geht schon. Ich krieg das schon hin." Dieser Typ trägt selbst schwerste Gegenstände lieber alleine in den dritten Stock – und ist anschließend zwei Tage mit Rückenschmerzen unterwegs, was er jedoch nicht zugeben wird –, als dass er sich helfen lässt. Jemanden um Hilfe zu bitten, kommt für Typ 5 gar nicht infrage. Bei Tisch greift Ihnen ein Typ-5-Nachbar auch schon mal über den Teller, schließlich will er Sie ja nicht stören, nur um an die Wasserflasche zu kommen.

Die Antreiber-Typen im Vergleich

Sie haben es längst erraten: jeder der (sehr plakativ) vorgestellten Typen zeigt die klassischen Anzeichen des jeweiligen Antreibers.

◆ Typ 1 hat den Antreiber Sei perfekt,
◆ Typ 2 ist angetrieben vom Antreiber Beeil dich,
◆ Typ 3 besitzt den Antreiber Streng dich an,
◆ Typ 4 wird angetrieben vom Antreiber Sei gefällig und
◆ Typ 5 zu guter Letzt vom Antreiber Sei stark.

Dabei ist keiner gut oder schlecht oder gar besser. Jeder dieser Antreiber hat Stärken, die sich als zweite Seite der Medaille bei noch stärkerer Ausprägung als Nachteil, als Schwäche erweisen können. Und zwar für uns selbst, weil uns diese vermeintliche Stärke plötzlich im Weg stehen kann und uns das Leben unnötig schwer macht. Im Folgenden eine Übersicht über die Antreiber-Typen:

Antreiber 1: Sei perfekt ➜ Perfektion vor Aufwand	
◆ **Stärken:** Gründliche, zuverlässige Experten ◆ **Erlauber:** – ohne Fehler lernt man nichts	◆ **Schwächen:** – **Angst, etwas könnte schiefgehen** – Rückversicherungszwänge, Katastrophenfantasien

– du darfst du selbst sein	– überzogene Selbst- und Fremdkritik – Pedanterie – Perfektion ohne Ansehen von Aufwand und Kosten – 95 % heißt bereits gescheitert – übertriebene Zeitinvestition und ständige Neuanfänge, weil etwas nicht perfekt war

Antreiber 2: Beeil dich ➜ Tempo vor Ergebnis

◆ **Stärken:** – Dynamik – Einfallsreichtum – Tempo ◆ **Erlauber:** – Mach es mit Muße – Du darfst dir Zeit nehmen	◆ **Schwächen:** – **Angst, nicht dazuzugehören („ich muss überall sein")** – Kopflosigkeit – chaotische Zeiteinteilung und -planung – ständiger Zeitdruck, Zuspätkommen als schlimmstes Vergehen – Hinterlassen von Planungs- und Konzeptionsruinen – Arbeit wird nicht zu Ende gedacht und gebracht – kein Nerv für Details – keine Durchhaltefähigkeit

Antreiber 3: Streng dich an ➜ Anstrengung vor Ergebnis

◆ **Stärken:** Einsatzbereitschaft ◆ **Erlauber:** – Locker wird es besser	◆ **Schwächen:** – **Angst, andere sind besser als ich** – Überall sind Rivalen >

- Du darfst deine Sache gelassen abschließen

- Verdopplung der Anstrengung
- Anstrengung wird auch von anderen erwartet
- keine Differenzierung möglich, wann Anstrengung sinnvoll ist und wann nicht
- langwierigster und schwierigster Lösungsweg wird bevorzugt
- keine Fähigkeit zur Improvisation
- es gibt ständig Probleme, Schwierigkeiten, Krisen

Antreiber 4: Sei gefällig ➔ Anpassung vor Selbstbeachtung

◆ **Stärken:**
- Einfühlung in andere
- Hilfsbereitschaft

◆ **Erlauber:**
- sei gut zu dir
- du darfst dich selbst bejahen

◆ **Schwächen:**
- **Angst, von anderen abgelehnt zu werden**
- es zählt nur, was andere von mir erwarten („ich muss es allen recht machen")
- eigene Bedürfnisse und Wünsche zählen nicht
- nicht Nein sagen, weil eigene Wünsche zur Ablehnung führen könnten
- Komplikationen, weil Wünsche und Bedürfnisse nicht klar formuliert werden
- Erwartung, dass andere einem die Wünsche von den Augen ablesen

	– Erwartung von dauern- der Rücksichtnahme – Übernahme der Verant- wortung für das Ge- fühlsleben anderer

Antreiber 5: Sei stark → Stärke zeigen vor Ergebnis

◆ **Stärken:**
  – Belastbarkeit
  – Eigenständigkeit
◆ **Erlauber:**
  – Schwächen sind
    sympathisch
  – du darfst offen sein
	◆ **Schwächen:**
	  – **Angst, andere könnten**
	    Schwächen entdecken
	    und mich dann ableh-
	    nen
	  – Eigenwahrnehmung
	    „ich bin der Held, der
	    durch nichts zu er-
	    schüttern ist"
	  – Annahme, dass Schwä-
	    chen und Fehler
	    schlecht sind
	  – Hilfe darf nicht ange-
	    nommen werden
	  – Erwartung, dass ande-
	    re auf einen zukommen
	  – Erwartung, dass andere
	    zu einem aufblicken
	  – Eindruck von Arroganz

4.3 Ich sehe es dir doch an – Gesichterlesen

„In deinem Gesicht kann man lesen wie in einem offenen Buch", „dir steht es ins Gesicht geschrieben", „ich seh es dir doch an", „deine Nasenspitze hat dich verraten", „Augen lügen nicht", „schau mir in die Augen und sag mir …" – sicher kommt Ihnen der eine oder andere dieser Sprüche bekannt vor. Welchen haben Sie selbst schon gebraucht? Wann haben Sie das letzte Mal einen davon selbst gehört – vielleicht als Kompliment oder eben auch nicht?

Entsprechend fiel wahrscheinlich Ihre Reaktion aus, von „Vielen Dank, sehr freundlich" bis zu „Hör auf, du spinnst, das geht ja gar nicht".

Gern wird die Antlitzdiagnostik, auch Physiognomik genannt, als „esoterisches Zeug" abgetan. Zugegeben, der Gedanke, sofort, sozusagen „auf den ersten Blick", analysiert zu werden, mit allen Stärken und Schwächen, ist tatsächlich nicht so angenehm. Da ist es nachvollziehbar, dass man lieber glaubt, „das funktioniert doch sowieso nicht!"

Was wäre aber, wenn es doch funktionieren würde? Wenn Sie jemandem an der Nasenspitze ansehen könnten, was und wie er denkt. Wenn Sie sofort, auf den ersten Blick, erkennen könnten, wie das Dominanzverhalten Ihres Gegenübers ist?

Tatsächlich ist die Kunst, im Gesicht des Gegenübers lesen zu können, so alt wie die Menschheit selbst. Es war überlebenswichtig, innerhalb von Sekundenbruchteilen entscheiden zu können, ob es sich um „Freund oder Feind" handelt.

> Und noch bis heute entscheiden wir im ersten Augenblick über „sympathisch" oder „unsympathisch".

Das geht extrem schnell und völlig unbewusst. Deshalb fällt es uns auch so schwer, unsere Meinung zu erklären oder zu begründen und wir sagen stattdessen „es ist halt so".
Geblieben ist bis heute auch die Fähigkeit, Emotionen und Stimmungen im Gesicht des anderen abzulesen. Relativ einfach können wir sagen, ob jemand freudig, traurig oder gelangweilt dreinschaut. Nur sehr wenige Menschen können immer ein Pokerface bewahren und ihre Gefühle total verbergen.
Doch es gibt noch sehr viel mehr. Wie ist es mit den Grundzügen der menschlichen Psyche? Wie steht es um Fähigkeiten, Eigenschaften und Konstitution eines Menschen? Wie

wäre es, wenn wir auch das im Gesicht unseres Gegenübers ablesen könnten – innerhalb weniger Augenblicke, mit etwas Übung sogar sofort?

Nach den Anschlägen vom 11. September hat die US-Regierung ihre Einreisekontrollen dramatisch verschärft. Zusätzlich wurden echte Gesichtskontrollen eingeführt. Dabei haben speziell ausgebildete Mitarbeiter auf die wesentlichen Punkte bei Reisenden geachtet und im Bedarfsfall nochmals gezielt nachgefragt.

Eine dpa-Meldung in der Südwestpresse vom 23.08.2006 lautete: „Die Mimik dient als Gefahrenfilter". Demnach unterziehen Mitarbeiter der Transportsicherheitsbehörde (TSA) Fluggäste, die in die USA einreisen, einer „psychologischen Gesichtskontrolle". Die Beamten sollen aus einer anonymen Masse von Reisenden jene herausfiltern, die Böses im Schilde führen oder etwas zu verbergen haben. Und so gehen den Gesichtsfahndern eben Personen mit gefälschten Personaldokumenten oder fehlenden Aufenthaltsgenehmigungen ins Netz. Und auch bei der israelischen Airline El Al sind psychologische Kontrollen längst gang und gäbe.

Kritiker des Programms beruhigt die Transportsicherheitsbehörde damit, dass anhand des Gesichtsausdrucks und der Körpersprache der Unterschied zwischen Kriminellen sowie jenen Reisenden auszumachen ist, die unter Flugangst leiden oder nur auf Warteschlangen gestresst reagieren.

Wer die Aufmerksamkeit der Beamten erregt, wird zuerst in ein harmloses Gespräch verwickelt, erst dann wird entschieden, ob die Person einer „Tiefeninspektion" unterzogen wird.

Und das ist auch gleich die Warnung, Entwarnung und Einschränkung für Sie und Ihre ersten Versuche:

Alles, was Sie sehen, soll Ihnen als Hinweis dienen, sich genauer auseinanderzusetzen mit dem, was Sie sehen.

Fragen Sie, anstatt zu behaupten; weg mit dem „Ich sehe, also ist es" der vergangenen Tage hin zu einem „Es gibt da etwas, was ich wahrnehme. Was bedeutet das bei Ihnen?"
So bleibt es bei Ihrer Beobachtung und Sie bleiben zu jedem Zeitpunkt wertschätzend. Die Kommunikation bleibt in Gang, Ihr Gesprächspartner und Sie können immer das Gesicht wahren und es bleibt zu jeder Zeit genügend Raum für Menschlichkeit und Gefühl.

Praxistipp

Sie werden einige neue Erkenntnisse gewinnen. Tasten Sie sich langsam vor. Beginnen Sie zunächst mit sich selbst. Legen Sie einen Spiegel bereit und finden Sie Ihre Merkmale. Überprüfen Sie kritisch, ob die gemachten Aussagen auf Sie zutreffen.

Bedenken Sie immer, dass es Variationen gibt, unterschiedlich starke Ausprägungen und Mischungen verschiedener Merkmale. Die führen zwangsläufig zu einer Vermischung der Fähigkeiten und Eigenschaften. Und bedenken Sie auch:

Nicht alles, was an Fähigkeit oder Eigenart bei Ihnen vorhanden ist, hat bereits den Weg in Ihr Gesicht gefunden.

Bis sich eine entsprechende Falte gebildet hat und schließlich sichtbar ist, kann es Jahre dauern, zumindest jedoch einige Monate.

Manchmal werde ich gefragt, wie es denn ist, wenn sich jemand die Falten entfernen lässt – verschwinden dann auch die entsprechenden Fähigkeiten, Eigenschaften, Neigungen und Besonderheiten? Nun, dazu kann ich keine Aussage machen. Außer Frage steht jedoch: Hat jemand seine Falten (wieder) verloren, verändert sich die Wirkung auf seine Mitmenschen.

Was die Stirn verrät

Wie gut können und wollen wir uns durchsetzen? Wie stark ist unser Durchhaltevermögen ausgeprägt. Wie ist es mit unserer seelischen Belastbarkeit bestellt?
Die Stirn verrät extrem viel über unsere mentalen Fähigkeiten. Erfahren Sie nun, was es im Einzelnen bedeutet:

Waagerechte Querfalten auf der Stirn
Diese bilden sich, wenn Sie die Stirn runzeln. Haben Sie Querfalten über die ganze Stirn? Ist bei Ihnen vielleicht sogar eine ganze Faltenschar, die Sie schon seit Längerem ärgert? Lassen Sie bloß die Finger davon.
Diese Falten zeigen Ihnen und Ihrer Umwelt, über welches große Durchhaltevermögen Sie verfügen. Dabei gilt:

> Je mehr Falten, umso größer ist Ihr Durchhaltevermögen.

Ziehen sich die Falten bei Ihnen von einer Seite bis zur nächsten durch, so zeigt es, Sie können sehr gut dranbleiben und eine Sache von A bis Z fertig machen. Haben Sie eher unterbrochene Querfalten, dann sind Sie in der Lage, auch mehrere Aufgaben gleichzeitig zu bearbeiten und Vorgänge immer wieder in die Hand zu nehmen und sie Step-by-Step zum Abschluss zu bringen.

Senkrechte Falten auf der Stirn
Wenn Sie in den Spiegel schauen, beginnen diese Falten ungefähr auf der Höhe der Augenbrauen und gehen von dort nahezu senkrecht nach oben. Hier lassen sich drei Grundtypen anhand ihrer Position unterscheiden: Falten über dem linken Auge, über dem rechten Auge und/oder fast mittig dazwischen.

◆ In der Mitte zwischen den Augen – Willenskraft
Diese Falte sagt etwas über Ihre Willenskraft, Ihren Durch-

setzungswillen: Je stärker ausgeprägt (tiefer und/oder länger) diese Falte ist, umso stärker ist dieser Wille bei Ihnen ausgeprägt. Bis hin zur Sturheit.

◆ Über Ihrem rechten Auge – Jobfalte

Sie wissen, wie es gemacht wird – oder haben zumindest eine Idee, wie es gemacht werden könnte. Das sagen Sie auch schnell und präzise, denn Sie geben Ihr Wissen gerne weiter. Sachverhalte können Sie gut erklären und Sie haben immer eine Lösung parat. Sie haben eine gute Identifikation mit Ihrem Job, Sie arbeiten gut und gerne.

Den Menschen in Ihrem Umfeld lassen Sie möglicherweise nicht immer genug Raum für eigene Erfahrung und Entfaltung, da Sie ja schon eine Lösung präsent haben.

◆ Über Ihrem linken Auge – Seelenfalte

Diese Falte zeugt von einer hohen seelischen Belastbarkeit, denn sie entstand durch ein überwundenes und verarbeitetes Problem der Vergangenheit. Das Problem hat zwar Spuren hinterlassen, es ist jedoch nichts mehr offen – und Sie sind gestärkt aus dieser Situation herausgegangen, mit einer hohen seelischen Belastbarkeit.

Querfalte auf dem Nasensteg – Befehlsfalte

Nun zu einer ganz besonderen Falte. Sie läuft quer auf dem Nasensteg, in etwa hinter dem Steg einer Brille, der das linke und das rechte Brillenglas zusammenhält.

Menschen mit einer solchen Falte können und wollen entscheiden. Sie wissen, wo es langgeht und sagen dies auch. Die Gefahr kann sein, dass sie es auch dann machen, wenn etwas mehr Fragen und Eingehen auf die Wünsche und Bedürfnisse der anderen angebracht wäre.

Zu schnell kann beim anderen dann tatsächlich der Eindruck entstehen, Befehle zu erhalten und dass der andere einem ständig sagt, „wo es langgeht".

Was die Augen verraten

Die Augenform

Betrachten Sie zunächst einmal die Augenform und erkennen Sie die Unterschiede. Mit etwas Übung und genügend Möglichkeiten für Vergleiche werden Sie zunächst unterscheiden können in groß, normal und schmal.

◆ Menschen mit großen, offenen Augen gehen interessiert durch die Welt und nehmen alles mit offenem Blick auf – allerdings besteht die Gefahr, dass sie zu wenig reflektieren und prüfen.

◆ Schmale Augen lassen hingegen eine gewisse Vorsicht erkennen. Ihre Besitzer beobachten zunächst einmal sehr genau, sind abwartender und zurückhaltender, was von ihren Mitmenschen manchmal auch als Misstrauen ausgelegt werden kann.

◆ Die normale Augenform liegt auch hier dazwischen. Der Mensch ist neutral und verfügt über ein ausgewogenes Verhältnis von Offenheit und Vorsicht.

Der Augenabstand

Der Augenabstand verrät viel über die Fähigkeit des räumlichen Sehens, also über die Möglichkeit, verschiedene Perspektiven einnehmen zu können.

◆ Menschen mit einem größeren Augenabstand können mehr überblicken, sie verfügen über einen besseren räumlichen Blick und haben so auch meist mehr Perspektiven zur gleichen Zeit im Blick.

◆ Ein engerer Augenabstand deutet dagegen darauf hin, dass der Mensch sich den nötigen Überblick erst noch verschaffen muss. Die Gefahr besteht, dass er dabei jemand zu sehr vertraut, sich auf diesen Menschen verlässt und dadurch in eine Richtung beeinflusst wird.

Was die Nase verrät

Stellen Sie sich die Nase als Daten-Autobahn vor. Je breiter die Autobahn ist, umso mehr Verkehr verträgt sie zur gleichen Zeit. Mehrere Fahrzeuge fahren nebeneinander und die Fahrer sind dennoch nicht gestresst. Eine schmale Straße dagegen lässt immer nur ein Fahrzeug nach dem anderen durch und wenn es richtig eng wird, dann ist absolute Aufmerksamkeit erforderlich.

Betrachten Sie nun Ihre Nase im Bereich der Nasenwurzel im Vergleich zu anderen Menschen.

◆ Eine breitere Nase deutet auf eine hohe Belastbarkeit, auch mit mehreren Aufgaben gleichzeitig, hin. Sie sind ein absolutes Multitasking-Talent und es macht Ihnen wahrscheinlich wenig aus, wenn zu einem schon hohen Arbeitsaufkommen noch weitere Aufgaben hinzukommen.

◆ Wenn Sie jedoch in diesem Bereich eine eher schmale Nase haben, dann bevorzugen Sie es eher, konzentriert an einer Sache arbeiten zu können und diese eine Sache abzuschließen, bevor wieder etwas Neues hinzukommt. Zu viele Projekte auf einmal setzen Sie wahrscheinlich eher unter Stress und deshalb ist es für Sie viel besser, wenn Sie sich genaue Arbeits- und To-do-Listen anfertigen und alles erst einmal in eine Reihenfolge bringen.

Was der Mund verrät

Abstand von Nase zu Mund
Betrachten Sie nun einmal den Abstand von der Unterkante der Nase bis zum Beginn Ihrer Oberlippe. Sie werden fest-

stellen, dass dieser Abstand nicht bei allen Menschen gleich groß ist, hier gibt es erhebliche Unterschiede. Dieser Abstand gibt Hinweise auf den Dominanzanspruch einer Person.

◆ Ein größerer Abstand bedeutet, es besteht ein größerer Wunsch und Anspruch, zu dominieren, zu bestimmen und zu führen. Diesen Menschen wird es leichter fallen, ihre Wünsche zu artikulieren und falls notwendig auch durchzusetzen. Das ist keinesfalls negativ zu sehen, denn es kommt ja noch ganz erheblich auf die Art der Wünsche und Ansprüche an. Die Führung von Menschen wird einfacher empfunden und ist gewollt.

◆ Personen mit einem geringeren Dominanzanspruch werden genauso gut führen können, jedoch ist das bei ihnen stets mit einem Mehr an Mühe, Anstrengung und Kraft verbunden.

Amorbogen

Der Amorbogen wird in der Mitte der Oberlippe gebildet. Zur Mitte hin steigt die Oberlippe bei den meisten Menschen mehr oder weniger stark an, um dann, genau in der Mitte, einen Knick nach unten zu machen. Damit Sie sich das vorstellen können, zeichnen Sie jetzt einfach mal ein Herz. Nun betrachten Sie den oberen Teil des Herzens, noch bevor die beiden Linien so richtig um die Kurve gehen und die langen Striche beginnen. Genau diese Form bilden die Lippen – und formen den Amorbogen.

Der Amorbogen steht für Einfühlungsvermögen, Empathie, die Fähigkeit, auf andere Menschen einzugehen, Verständnis für andere aufzubringen.

Je ausgeprägter und deutlicher der Amorbogen ist, umso ausgeprägter ist eben diese Fähigkeit vorhanden.

Die Unterlippe

Mit einer stark ausgeprägten Unterlippe kommt noch jede Menge Lust und Genuss dazu. Und auch hier gilt: Je ausgeprägter, umso mehr.

Sie erhalten also Hinweise darauf, ob Ihr Gegenüber in der Lage ist, zu genießen und Lust zu empfinden. Lust, die intensive angenehme Weise des Erlebens auf verschiedenen Ebenen der Wahrnehmung.

Fragen, um ganz sicher zu sein

Alles was Sie über Menschenkenntnis schon wissen oder bisher erfahren haben, sind doch nicht mehr als nur Hinweise. Hinweise, wie jemand sein könnte, welche Fähigkeiten oder Neigungen er haben könnte.

So erhalten Sie, wie eben erwähnt, durch eine stark ausgeprägte Unterlippe lediglich den Hinweis, dass eine Person in der Lage ist, Lust zu empfinden. Auf welcher Ebene der Wahrnehmung – z.B. Essen, Sport oder Arbeiten – Sie oder Ihr Gegenüber nun Lust empfindet, das sehen Sie leider nicht.

Das können Sie jedoch leicht herausbekommen: Das sicherste und einfachste Mittel, um mehr über Ihr Gegenüber zu erfahren, ist – nachfragen! So könnten Sie zum Beispiel fragen:

◆ Bei einer ausgeprägten Unterlippe: „Gibt es etwas, das Ihnen ganz besonders viel Vergnügen bereitet und was ist es?"

◆ Bei einer schmalen Nasenwurzel: „Was ist Ihr bevorzugter Arbeitsstil und wie würden Sie vorgehen"

◆ Bei einer sichtbaren Jobfalte: „Wie ist das eigentlich, kennen Sie das auch, dass Menschen nicht so recht wissen, wo und wie sie anfangen sollen, und wie ist das für Sie?"

Hören Sie der Antwort dann ganz genau zu. Achten Sie auch auf die Details und auf die verwendeten Worte. Nutzen Sie genau diese Worte für weitere Rückfragen und achten Sie darauf, welche Gefühle und Assoziationen diese Worte bei Ihnen hervorrufen.

So erfahren Sie viel über Ihr Gegenüber, seinen Umgang, seine Einstellung und ganz nebenbei auch über seine Gefühle.

4.4 Verknüpfung mit den drei Grundtypen

Erinnern Sie sich noch an die drei Grundtypen aus der Erfolgscampus-Analyse-Methode? Da gab es den Dynamiker, den Sympathiker und den Logiker. Jeder der drei stand für ein Grundprinzip, Körper – Seele – Geist.

Und im Gesicht soll es, wie bei der Körpersprache, so etwas auch geben, dass jeweils eine Partie oder Region des Gesichts für eine dieser Grundprinzipien steht.

4.5 Überblick über die drei Grundprinzipien

So langsam schließt sich der Kreis zu einer noch umfassenderen Menschenkenntnis. Sie haben erfahren, dass es drei Grundtypen gibt, die wir alle in uns tragen. Jeder Grundtyp verkörpert ein Grundprinzip unserer Ganzheit und nun gibt es auch noch Regionen im Gesicht, die diese Grundprinzipien widerspiegeln.

Der nächste Schritt ist, die Körpersprache zu verstehen. Denn: der Körper lügt nie, und nur sehr wenige Menschen sind in der Lage, ihre spontanen Körperreaktionen total zu kontrollieren.

Ein erster Schritt zur Interpretation der Körpersprache Ihres Gegenübers ist es, zu beobachten, was Ihr Gesprächspartner mit seinen Händen macht, während Sie etwas sagen.

Greift er sich mit den Händen ans Gesicht, dann können Sie entsprechend der Region, die er anfasst, erste Hinweise bekommen, was bei ihm los ist.

Grundtyp	Grundprinzip	Region im Gesicht	Ein Griff an diese Region bedeutet
Logiker	Geist	Vom Haaransatz bis zur Höhe der Augenbrauen	Denkt nach
Sympathiker	Seele (Gefühl)	Von der Höhe der Augenbrauen bis zur Nasenspitze	Ist emotional betroffen
Dynamiker	Körper	Von der Nasenspitze bis zum Kinn	Möchte etwas sagen oder tun

Entsprechend können Sie jetzt darauf reagieren. Am besten durch eine Frage.

◆ Fasst sich Ihr Gegenüber während des Gesprächs also an die Stirn, könnten Sie fragen: „Was schießt Ihnen gerade durch den Kopf?" oder auch „Was denken Sie über das, was ich gesagt habe?"
◆ Greift sich Ihr Gegenüber dagegen an die Nasenspitze oder die Wange, dann könnte Ihre Frage lauten: „Wie geht es Ihnen mit dem, was Sie gerade hören (oder sehen)?" oder „Was macht das, was Sie erfahren haben, mit Ihnen?"
◆ Und berührt Ihr Gegenüber den Bereich zwischen Mund und Kinn, könnten Sie fragen: „Was könnten Sie jetzt machen?" oder „Was wäre jetzt ein guter nächster Schritt?"

Testen Sie es einfach mal. Beobachten Sie Ihren Gesprächs-partner und stellen Sie eine dieser Fragen.

> Wichtig ist nur, dass Sie in die Richtung gehen, die Ihr Gegenüber gerade in seinem Gesicht berührt hat – also entweder Geist, Seele (Gefühl) oder Körper.

Sie werden erstaunt sein, wie viel besser verstanden sich Ihr Gegenüber von Ihnen fühlt. Und wundern Sie sich nicht, wenn Sie gefragt werden, ob Sie Gedanken lesen könnten.

Auf den Punkt gebracht:

◆ Worte verraten sehr viel darüber, wie wir die Welt sehen und welche Sinneskanäle wir dabei bevorzugt benutzen – visuell, auditiv, kinästhetisch.

◆ Jeder von uns besitzt innere Antreiber in unterschiedlicher Ausprägung.

◆ Die Antreiber werden meist schon in der Kindheit angelegt und permanent verstärkt.

◆ Neben Gefühlen und Stimmungen kann man auch Fähigkeiten und Eigenschaften im Gesicht eines Menschen ablesen.

◆ Die wahren Absichten eines Menschen und was wirklich in ihm vorgeht, verrät uns seine Körpersprache.

5 Mensch – was bewegt dich?

Warum wir tun, was wir tun – und warum wir lassen, was wir lassen

5.1 Die vier Grundbedürfnisse (4 P)

Ob wir uns bewegen oder es lassen – immer haben wir ein Motiv und die Absicht zur Erfüllung mindestens eines der vier großen Grundbedürfnisse. Im Englischen beginnen alle vier Grundbedürfnisse mit dem Buchstaben P, deshalb die „4 P":

Profit: Profit, Gewinn, vermiedener Verlust
Peace: Sicherheit, Friede
Pride: Ansehen, Stolz
Pleasure: Freude, Komfort, Einfachheit

Wollen Sie erreichen, dass jemand etwas Bestimmtes tut, so wird es Ihnen leichter fallen, es zu bekommen, wenn Sie mindestens eines der vier Grundbedürfnisse ansprechen und versprechen, dass es durch die Handlung befriedigt wird.

Das gilt natürlich auch in Marketing und Verkauf. Deshalb werden in der Werbung auch ganz bewusst mehr oder weniger offen diese vier Grundbedürfnisse angesprochen, z.B.:

◆ „Aus Freude am Fahren"
◆ „Vorsprung durch Technik"
◆ „Ihrer Sicherheit, Gesundheit und Ihrem Motor zuliebe"
◆ „Lesefreude statt Langeweile"

Nicht gerade einfacher wird das Ganze durch den Umstand, dass es bei allen Entscheidungen zwei grundsätzlich total verschiedene Motivationsrichtungen gibt.

5.2   Die beiden Motivationsrichtungen

Unterschieden werden grundsätzlich zwei Motivationsrichtungen, nämlich in:

HIN-ZU-Richtung   **WEG-VON**-Richtung
Freude gewinnen   Schmerz vermeiden

Das eine Mal sind wir also absolut „hin zu" einem Ziel oder erwünschten Zustand motiviert und wollen etwas unbedingt haben. Und ein anderes Mal, wenn es um etwas anderes geht, motiviert uns viel mehr, dass wir „weg von" einem Zustand oder Ereignis kommen.

Wichtig: Die Motivationsrichtungen
◆ unterscheiden sich von Mensch zu Mensch,
◆ sind unterschiedlich stark ausgeprägt,
◆ hängen vom Kontext ab
◆ und können außerdem noch in Kombinationen vorkommen.

Auch wenn zwei Menschen genau das Gleiche tun, kann es sein, dass sie dazu genau gegensätzlich motiviert wurden, der eine absolut und ausschließlich „hin zu", der andere nur durch ein „weg von".

Stellen Sie sich einfach mal vor, zwei Urlauber steigen genau hintereinander aus dem Flugzeug, laufen direkt in die strahlende warme Sonne des fernen Landes.
Der eine kann es gar nicht erwarten, angekommen zu sein, in „seinem" Traum-Urlaubsland, von dem er schon so viel gehört und gelesen hat. So lange hat er auf diesen Traumurlaub gespart und nun ist er endlich hier. Er weiß genau, was er hier machen wird, kennt alle Orte, die er besuchen und besichtigen wird, zu denen es ihn fast schon magisch hinzieht.

Der andere Urlauber ist auch froh anzukommen – weil er dann endlich weg ist von seinem grauen, nasskalten Heimatland, der öden Arbeit in dieser tristen Stadt, seinem langweiligen Alltagstrott. Wie sehr hat er sich gewünscht, wegzukommen, ganz egal wohin – einfach nur weg.

Auch der Volksmund erwähnt beide Möglichkeiten der Motivation oft in ein und demselben Sprichwort, wie zum Beispiel „Zuckerbrot und Peitsche" oder „Lob und Tadel".
Beide Male geht es doch darum, das eine zu erhalten, nämlich Zuckerbrot und (noch mehr) Lob, während das andere, nämlich die Peitsche, zu vermeiden oder der Tadel zu minimieren ist.
In Marketing und Verkauf ist schon lange bekannt, wie wichtig es ist, möglichst genau zu wissen, was der Kunde davon hat, wenn er dieses Produkt oder jene Dienstleistung kauft. Und was ihm entgehen könnte, wenn er es nicht tut. Und die Werbung kommuniziert es.

Praxistipp

Lesen Sie die Zeitungsanzeigen mal mit Ihrem neuen Wissen und betrachten Sie ab heute die TV-Spots aus dem neuen Blickwinkel und stellen Sie selbst fest, welche der vier Bedürfnisse hauptsächlich angesprochen werden und in welcher Hauptmotivationsrichtung.

5.3 Die wahren Bedürfnisse in der Menschenkenntnis

Doch wie sieht es aus in Ihrem täglichen Umgang mit anderen Menschen?
Wäre es nicht auch ganz interessant für Sie, zu wissen, welches „echte" Bedürfnis Sie bei Ihren Mitmenschen wie an-

sprechen können? Und was würde es bedeuten, wenn Sie für sich feststellen könnten, welche Bedürfnisse für Sie besonders wichtig sind?

> Eine bessere Menschenkenntnis, noch mehr Sicherheit im Umgang mit anderen Menschen und ein höherer Schutz vor Manipulation und Werbeversprechen wären Ihr Lohn.

Letztlich sparen Sie Zeit und Geld und genießen ein höheres Ansehen bei Ihren Freunden und Bekannten.

5.4 Test über die „echten" Bedürfnisse

Machen Sie einmal den folgenden Test: Schlüpfen Sie dazu in die Rolle eines Verkäufers und entscheiden Sie sich spontan für ein Produkt oder eine Dienstleistung, die Sie anbieten. Am einfachsten ist es, wenn Sie sich erinnern, was Sie selbst erst kürzlich gekauft haben.

Stellen Sie sich nun die folgenden Fragen zu Ihrem Produkt. Sie brauchen dabei nicht zu allen Fragen eine Antwort zu finden. Bearbeiten Sie einfach das, wofür Sie schnell und einfach eine gute Antwort finden. Was Ihnen leicht von der Hand geht, Ihnen schlüssig und logisch erscheint, das beantworten Sie und gehen dann weiter. Was dagegen schwierig ist, mühevoll, anstrengend, das lassen Sie offen. Machen Sie es sich insgesamt nicht zu schwer, haben Sie auf jeden Fall Spaß und als Antwort genügt ein Wort oder ein kurzer Satz. Also, los geht's:

---

1. Profit (Profit)
Gewinnstreben, Spartrieb, Zeit gewinnen, Geld einsparen
Wenn Ihr Kunde kauft:

- ◆ Wie verdient er mit Ihrem Produkt mehr Geld bzw. gewinnt Zeit?
- ◆ Wie nutzt er seine bestehende Investition besser mit Ihrem Produkt?

- ◆ Wer zahlt Ihrem Kunden für die Investition in das Produkt noch etwas dazu?
- ◆ Welche Ausgaben fallen für den Kunden durch das Produkt weg?
- ◆ Wie spart Ihr Kunde mit Ihrem Produkt Zeit und Geld?
- ◆ Wie kann Ihr Kunde sich Zeit sparend Wichtigerem (Angenehmerem) widmen?

Wenn Ihr Kunde nicht kauft:

- ◆ Was wird oder könnte er an Geld oder Zeit verlieren?
- ◆ Welche Probleme werden oder können auftreten?
- ◆ Welche Zusatzkosten werden oder können auftreten?
- ◆ Was könnte er kurz-, mittel- und langfristig darüber hinaus verlieren?
- ◆ Welche Menschen/Partner könnte er verlieren?

2. Peace (Sicherheit)
Selbsterhaltung, Gesundheit, Risikofreiheit, Sorgenfreiheit

Wenn Ihr Kunde kauft:

- ◆ Wie verbessert das Produkt seine Gesundheit und Lebensgrundlage?
- ◆ Welche Sorgen muss sich Ihr Kunde nicht mehr machen?
- ◆ Wie fühlt sich der Kunde sicherer durch Ihr Produkt?
- ◆ Welche Unannehmlichkeiten vermeidet Ihr Kunde durch Benutzung Ihres Produkts?
- ◆ Wie sichert Ihr Produkt den Fortbestand des Unternehmens Ihres Kunden?
- ◆ Wie sichert Ihr Produkt den Lebensstandard Ihres Kunden?

Wenn Ihr Kunde nicht kauft:

- ◆ Welche Risiken und Sorgen wird oder könnte er haben?
- ◆ Wo, wie und wann verschlechtert sich die Gesundheit oder Lebensgrundlage?
- ◆ Welche Firmen bzw. Personen könnten Probleme verursachen?

3. Pride (Ansehen)

Stolz, Prestige, „in" sein, dabei sein

Wenn Ihr Kunde kauft:

- ◆ Wodurch gewinnt er an Ansehen und Prestige?
- ◆ Bei wem erweckt Ihr Kunde Träume und Anerkennung, wenn er das Produkt hat?
- ◆ In welchen Kreisen gehört Ihr Kunde, wenn er das Produkt hat, dazu?
- ◆ Wer (Person, Sendung, Zeitschrift) empfiehlt Ihr Produkt an Ihren Kunden weiter?
- ◆ Zu welcher Gruppe möchte Ihr Kunde gerne gehören?
- ◆ Wo wäre er gerne „dabei"?
- ◆ Wo ist Ihr Kunde „der Erste" bzw. einzigartig mit Ihrem Produkt?

Wenn Ihr Kunde nicht kauft:

- ◆ Welchen Ruf könnte er verlieren oder bekommen?
- ◆ Wo riskiert er, nicht mehr „dazuzugehören"?
- ◆ Wer könnte ihn anprangern, verklagen oder vor Gericht bringen?
- ◆ Wer könnte Negativwerbung machen?

4. Pleasure (Komfort)

Bequemlichkeit, Freude, Ästhetik, Einfachheit

Wenn Ihr Kunde kauft:

- ◆ Wie steigert das Produkt den Komfort?
- ◆ Wie steigert das Produkt die Bequemlichkeit?
- ◆ Warum wird sich Ihr Kunde wohler fühlen?
- ◆ Wie verbessert das Produkt das Leben, die Atmosphäre, das Klima Ihres Kunden?
- ◆ Wie macht das Produkt das Leben des Kunden schöner oder ästhetischer?
- ◆ Wie macht Ihr Produkt dem Kunden Spaß?
- ◆ Wie steigert Ihr Produkt die Lebensfreude Ihres Kunden?
- ◆ Wie steigert Ihr Produkt das Vergnügen Ihres Kunden?
- ◆ Wie kann er sich und anderen etwas Gutes tun?

Wenn Ihr Kunde nicht kauft:

- ◆ Wie, wann und wo könnte Stress auftreten?
- ◆ Wann könnte ein schlechtes Gefühl auftreten?
- ◆ Welche Beschwerden könnten auftreten?
- ◆ Was könnte der Kunde plötzlich nicht mehr haben?
- ◆ Was könnte weniger schön werden?
- ◆ Welche Freude wird er nicht mehr bzw. weniger haben?
- ◆ Welche Personen oder Firmen werden möglicherweise enttäuscht sein?
- ◆ Wovon wird er weniger genießen können?
- ◆ Wo könnte er geizig erscheinen, was wären die Folgen?

Jetzt, da Sie fertig sind, was ist Ihnen leichtgefallen? Welche Fragen konnten Sie leicht beantworten, wo haben Sie sich schwergetan?

Kann es sein, dass Sie bei genau den Punkten, deren Beantwortung Ihnen eher leichtgefallen ist, auch eher empfänglich sind?

Prüfen Sie doch einmal für sich, ob es genau diese Punkte waren, die Sie veranlasst haben, das Produkt oder die Dienstleistung, dessen Verkäufer Sie eben waren, letztens selbst zu kaufen.

Schauen Sie die Fragen und Ihre Antworten noch einmal unter diesem Blickwinkel an und lernen Sie so einfach noch mehr über sich. Sie erfahren ganz einfach und nebenbei etwas mehr darüber, „wie Sie ticken".

Menschenkenntnis – und vor allem bessere Menschenkenntnis – beginnt schließlich immer zuerst bei uns.

Auf den Punkt gebracht:

◆ Es gibt vier Grundbedürfnisse, die 4 P: Profit (Gewinn), Peace (Sicherheit, Friede), Pride (Ansehen) und Pleasure (Freude).

◆ Wenn wir etwas kaufen, dann niemals ein Produkt, sondern immer die Erfüllung mindestens eines, meistens aber mehrerer, der vier Grundbedürfnisse.

◆ Es hilft, die wahren Motive zu kennen, die uns selbst immer wieder veranlassen, das zu tun, was wir tun, oder das zu lassen, was wir lassen – auch, oder gerade, wenn wir es nicht wollen.

◆ Es gibt zwei Motivationsrichtungen mit unterschiedlich starker Ausprägung: HIN-Zu und WEG-Von.

◆ HIN-Zu: Hin zur Belohnung, hin zur Freude.

◆ WEG-Von: Weg von der Bestrafung, weg vom Schmerz.

◆ Stärker ist in der Regel die Motivationsrichtung WEG-Von. (Wer schon einmal große Schmerzen hatte, die er unbedingt loswerden wollte, weiß, was gemeint ist.)

◆ Was uns wie stark motiviert ist nicht immer in jeder Lebenslage gleich, sondern sehr stark abhängig von der Situation.

6 Wie Piloten entscheiden

In der Luftfahrt haben Fehlentscheidungen besonders schwer wiegende Folgen. Lange Zeit war es das Bestreben, den Menschen dazu zu bringen, einfach weniger Fehler zu machen. Doch der Volksmund sagt es: „Irren ist menschlich." Sie haben in diesem Buch eine Vielzahl von psychologischen Effekten und menschlichen Verhaltensweisen kennengelernt, die uns nahezu zwangsläufig immer wieder zu Fehlentscheidungen und falschen Handlungen hinreißt und uns in die Falle tappen lässt.

Die Luftfahrt hat deshalb mit der Einführung des „Crew Resource Management" eine Methode entwickelt, die eine Vielzahl der individuellen menschlichen Fehlerquellen minimieren kann.

Die FOR-DEC genannte Methode hält sich Schritt für Schritt an die immer gleiche Systematik und stellt die aktuelle Lehrmeinung in Bezug auf Entscheidungsfindungsprozesse in der Luftfahrt dar.

6.1   Die FOR-DEC-Methode

FOR-DEC steht für:

- **F** – Facts: Fakten sammeln, ohne zu bewerten
- **O** – Options: Optionen zusammenstellen
- **R** – Risks and Benefits: Risikoabwägung
- **–**   gedankliche Pause
- **D** – Decision: Entscheidung treffen
- **E** – Execution: Entscheidungsausführung
- **C** – Check: Überprüfung

Im Einzelnen verbirgt sich dahinter Folgendes:

◆ **Facts:**

Zunächst werden alle Fakten gesammelt. Nutzen Sie hier alle zur Verfügung stehenden Quellen und versuchen Sie, sich einen kompletten Überblick zu verschaffen.

Beschränken Sie sich dabei auf die Fakten und unterlassen Sie alle Bewertungen und Beurteilungen.

In der Luftfahrt bedeutet dies, dass die Piloten nicht nur auf Informationen von anderen Flugzeugen oder von Leitständen am Boden zurückgreifen, sondern auch auf die der Kollegen in der Kabine und sogar, wenn notwendig, auf die fachkundige Hilfe von Passagieren.

◆ **Options:**

Nachdem alle Informationen gesammelt und ausgewertet wurden, geht es darum zu prüfen, welche Optionen denn grundsätzlich zur Verfügung stehen. Zu diesem Zeitpunkt gilt noch immer: „Geht nicht, gilt nicht." Alle denkbaren Optionen kommen auf den Tisch, nichts wird vorschnell ausgeschlossen und nichts bevorzugt.

◆ **Risks and Benefits:**

Erst jetzt kommt die Risikoabwägung. Das bedeutet, erst jetzt werden alle Vor- und Nachteile, alle Risiken und Gewinne für alle gefundenen Optionen gesucht, den Optionen zugeordnet und anschließend gegenübergestellt.

◆ **Gedankliche Pause:**

Diese Pause ist wichtig. Wichtig, um die Sammlung der Fakten und Optionen mit allen Vor- und Nachteilen von der wirklichen Entscheidung zu trennen.

◆ **Decision:**

Erst jetzt wird eine Entscheidung getroffen. Erst wenn alle Fakten gesammelt wurden, die Optionen zusammen- und die Vor- und Nachteile einander gegenübergestellt wurden und nachdem eine Pause eingelegt wurde, kommt es zu einer Entscheidung. Wer diese Entscheidung trifft, trägt die volle Verantwortung dafür, jedoch mit einem guten Entscheidungsprozess.

◆ Execution:

Ist die Entscheidung getroffen, wird alles Notwendige veranlasst, die Aufgaben werden verteilt und zügig umgesetzt. Dabei wird das gesamte Team eingebunden und alle Ressourcen werden genutzt.

◆ Check:

Nun wurde also die Entscheidung sorgfältig vorbereitet, es wurden alle Fakten gesammelt, die Optionen nebeneinander gestellt und bewertet und nach einer Pause wurde entschieden und umgesetzt. Nun ist alles erledigt. Wirklich? Was, wenn sich die Ausgangslage, die zu der Entscheidung geführt hat, ganz wesentlich verändert hat? Was, wenn der Grund, der zu der Entscheidung geführt hat, in der Zwischenzeit gar nicht mehr existiert?

Hier ein einfaches Beispiel zu dieser Methode:

Ein Flugzeug befindet sich auf einem Langstreckenflug. Auf Kurs entwickelt sich ein Gewitter, zu sehen auf den Instrumenten. Nun ist es so, dass Gewitter für Flugzeuge gefährlich sind und auch von Verkehrsflugzeugen gemieden werden. Die Piloten sammeln zunächst alle Informationen und Fakten. Sie befragen verschiedene Wetterstationen und beobachten die Gewitterzelle weiterhin auf ihren Instrumenten.
Nachdem alle Informationen über Größe, Höhe, Ausdehnung und Entwicklung der Gewitterzelle sowie Treibstoffvorrat, Windverhältnisse, Passagiere mit besonderem Status (z.B. Angehörige von Regierungen) vorhanden sind, werden die Optionen zusammengestellt:

- durchfliegen,
- überfliegen,
- umdrehen zum Startflughafen,
- Kurs ändern und umfliegen,
- landen auf anderem Flughafen.

Nun gilt es, die gefundenen Optionen mit allen Informationen zu füttern und so eine Tabelle zu erstellen mit allen Gefahren, Risiken, Vorteilen und Gewinnen.

- Zum Beispiel könnte es sein, dass ein Passagier tatsächlich Angehöriger einer Regierung ist, die in Auseinandersetzungen liegt mit einem Land, das einen Ausweichflughafen anbietet.
- Oder dass bei diesem Flughafen keine oder nicht genügend Hotels zur Verfügung stehen.
- Oder dass bei dem herrschenden Wind der Treibstoff gar nicht ausreicht, um den Startflughafen sicher wieder zu erreichen.
- Oder dass ein Land keine Überfluggenehmigung erteilt hat.

Nach einer Gedankenpause wird nun eine Entscheidung getroffen. In unserem Fall weicht die Maschine vom Kurs ab, um das Gewitter zu umfliegen. Alles ist geprüft, alles ist klar. Oder?
Eigentlich könnte jetzt ja nochmal kurz geprüft werden, ob das Gewitter tatsächlich noch auf dem ursprünglichen Kurs liegt. Denn ein Gewitter entwickelt sich, es löst sich gelegentlich wieder auf oder es zieht weiter. Und wenn es nicht mehr da ist, warum sollte unser Flugzeug dann noch immer an der Richtungsänderung festhalten?
Würden wir so handeln, wäre das ein Beispiel für den Commitment-Effekt: Wir haben diese Entscheidung zur Kursänderung getroffen, jetzt machen wir es so – auch wenn der Grund dafür schon wieder entfallen ist.

Das ist nicht sinnvoll! Und nicht zuletzt aus diesem Grund ist das C für Check so wichtig.

Deshalb: Überprüfen Sie immer wieder mal Ihre Entscheidungen und nehmen Sie sich heraus, wieder neu zu entscheiden, vor allem dann, wenn nach aktuellem Stand der Grund für Ihre ursprüngliche Entscheidung weggefallen ist.

6.2   Warum Entscheidungen so schwerfallen

Warum fallen uns denn Entscheidungen manchmal so furchtbar schwer? Kennen Sie das auch? Da wird überlegt und überlegt, von links nach rechts, von oben nach unten – und anschließend zurück.
Wir kommen auf keinen grünen Zweig, zu keiner Entscheidung, fühlen uns gefangen in diesem Dilemma und – entscheiden lieber gar nicht. Besser nicht entschieden als falsch.
Doch Sie wissen es – nicht zu entscheiden, ist auch schon eine Entscheidung, nämlich die Entscheidung, (jetzt) nicht zu entscheiden.

Doch was ist es, warum fallen uns manche Entscheidungen so furchtbar schwer? Es gibt viele Gründe, einige möchte ich Ihnen hier vorstellen:
◆ Angst, Fehler zu machen
◆ Fehlende Informationen oder Fakten
◆ Angst vor Statusverlust
◆ Risikovermeidung
◆ Interessenkonflikte

Die Angst, Fehler zu machen

Das kennen Sie sicher auch: Sie wissen genau, Sie sollten sich entscheiden, doch Sie wissen nicht, wie. Sie fühlen sich unsicher und Sie wissen genau:

> Jede Entscheidung für etwas bedeutet in dieser Situation auch eine Entscheidung gegen etwas.

Was, wenn Sie sich falsch entscheiden, wenn sich herausstellt, dass die andere Entscheidung die bessere, die richtige Wahl gewesen wäre. Diesen Fehler könnten Sie sich niemals verzeihen.

Und genau das ist es. Diese Angst, einen Fehler zu machen, der in der Zukunft aufkommen könnte, lässt Sie zögern. Sie haben Angst vor den Konsequenzen.

Manche Menschen zögern so lange, bis jemand anderes für sie entscheidet. Das kann eine Person sein, die einfach, weil sie nichts gehört hat, diese Nicht-Entscheidung deutet, entweder als Ja oder als Nein – ganz so, wie diese Person es auslegt. Und das ist gar nicht böswillig gemeint.

Oder die Zeit entscheidet. Es gibt eine Frist, die verstreicht, und danach gibt es keine Möglichkeit mehr. Frist vorbei – aus und vorbei. In diesen Fällen hören Sie dann manchmal: „Ja, ich hätte noch ein bisschen mehr Zeit gebraucht", „Ich hab das dann verpasst", „Als ich kam, war es schon weg" und so weiter.

Bedenken Sie: Sie können nur entscheiden auf der Basis des Wissens und der Informationen, die Sie aktuell haben. Sorgen Sie deshalb dafür, dass Sie alle Informationen bekommen, die verfügbar sind – und entscheiden Sie. Seien Sie Gestalter und nicht Opfer. Und vor allem, stehen Sie dazu.

Fehlende Informationen oder Fakten

Ein weiterer Grund, der uns abhält, Entscheidungen wirklich zu treffen, ist das Gefühl, noch nicht alle notwendigen Informationen beisammenzuhaben, hier hört man oft Sätze wie, „ich muss mich erst nochmal schlaumachen". Dann

werden Experten befragt und unzählige Informationen gesammelt und – nicht entschieden.

Jeden Tag entstehen neue Produkte, Dienstleistungen,
Ereignisse – und produzieren unablässig neue Informationen. Sie werden nie alle Informationen bekommen. Selbst
wenn Sie alle Informationen für einen bestimmten Fall hätten, im nächsten Moment wären sie schon veraltet oder
nicht mehr vollständig.
Also: sammeln Sie alle Informationen und Fakten, die verfügbar sind. Werten Sie diese aus. Prüfen Sie dann, ob Sie
sich anhand der zur Verfügung stehenden Informationen
entscheiden können.
Insbesondere, wenn die Zeit rennt: Begnügen Sie sich mit
den vorliegenden (seriösen) Informationen und entscheiden
Sie! Hinterher sind immer alle schlauer.

Angst vor Statusverlust

Auch hierzu ein Beispiel:

Erinnern Sie sich daran, als Sie klein waren – Sie stehen
auf dem Sprungbrett, Ihre Freunde sind schon gesprun-
gen, bald sind Sie an der Reihe. Aber Sie sind unsicher.
Sollen Sie springen oder nicht? Lieber wieder zurück, die
Treppe runter, an allen vorbei, die springen wollen? Alle
würden sehen, dass Sie nicht springen, sondern die
Treppe wieder runterkommen.

> Doch wenn Sie springen, was dann? Wer sagt Ihnen, dass
> es nicht wehtut? – Also, erst mal nicht entscheiden – und
> schön oben auf dem Brett stehen und abwarten, statt als
> Feigling oder Weichei zu gelten.

Was als Kind schon galt, gilt als Erwachsener noch immer:
Der Verlust von Status und Ansehen lässt uns zögern. Wir
wollen nicht als Feigling gelten, als jemand, der keinen
Mumm hat. Weshalb also umdrehen, wenn auf der Bergtour
das Wetter schlechter wird, das wird schon gehen. Oder es
muss gehen?

Risikovermeidung

Eine Entscheidung zu treffen, auch wenn es die richtige war,
kann ganz schön teuer werden. Da ist es schon gut, vorher
genau zu überlegen.
Überlegungen wie, „Muss das wirklich sein? Ganz schön ris-
kant diese Möglichkeit. Bisher geht es ja auch so noch ganz
gut. Und wenn das dann doch gut geht, dann sind diese hor-
renden Kosten ja auch nicht entstanden. Außerdem hängt
da ja noch viel mehr dran. Diese Option hat ja noch so viel
mehr Risiken. Ob es der eine Punkt, der eine Vorteil wert ist,
diese Risiken einzugehen?", sind Ihnen sicher auch nicht un-
bekannt.

In der Tat hat jede Medaille zwei Seiten. Sicherheit kostet
meist Geld, oft viel Geld. Und es gibt noch weitere Risiken,
die mit der Entscheidung verbunden sind, keine Frage.

Die Annahme ist: Treffe ich die Entscheidung für diese
Möglichkeit nicht, dann umgehe ich auch diese Risiken.
Aber: dann geht man andere ein, die oft in dem Moment
ausgeblendet, übersehen oder einfach nicht richtig bewertet
werden.

Stellen Sie außerdem die Risiken der anderen Alternativen dagegen – und das Risiko für den Fall, dass Sie nicht handeln. Beachten Sie auch, ob sich das Risiko erhöht, indem Sie jetzt nicht handeln, sondern warten.

Interessenkonflikte

Eigentlich wissen Sie ganz genau, was Sie machen sollten. Aber da gibt es noch etwas anderes, vielleicht Übergeordnetes, Größeres, das es zu berücksichtigen gilt. Und so wissen Sie nicht, wie Sie sich entscheiden sollen. Eigentlich wollen Sie es ja allen recht machen.
Vielleicht kennen Sie das aus der Politik. Da passiert es schon mal, dass Abgeordnete ausscheren und einen Interessenkonflikt austragen. Zuerst mit sich, dann mit den Parteifreunden und anschließend mit der Presse.
Aber Sie kennen sie auch von sich selbst – solche Interessenkonflikte: Sollen Sie auf das zweite Stück Kuchen verzichten – zu Gunsten der schlanken Linie? Lieber noch ein Bierchen mit den Freunden trinken und den schönen Abend genießen – oder sicher nach Hause fahren und morgen ausgeschlafen ins Büro kommen?

6.3 Fehlertendenzen bei Entscheidungsprozessen

So, nun haben Sie sich also entschieden. Dann ist ja alles klar. Oder doch nicht? – Leider nein, denn woher wissen Sie, dass Sie sich richtig entschieden haben? Dass Ihnen nicht ein grober Fehler unterlaufen ist? Oder dass Sie schon vorher, bei der Vorbereitung, einem Denkfehler aufgesessen sind?

Denn leider gibt es „eingebaute" Tendenzen hin zu Fehlern bei Entscheidungsprozessen. In der Technik hieße es dann: Prozessfehler. Obwohl der Prozess richtig läuft, alles richtig gemacht wurde, kommt es doch zu Fehlern.

Bei uns Menschen sind es die folgenden Fehlertendenzen, die, obwohl alles richtig gemacht wurde, zu falschen Entscheidungen führen können:
◆ Neigung, möglichst einfach zu denken
◆ Schwierigkeiten bei exponentiellen Rechnungen und sehr großen Zahlen
◆ Generalisierung
◆ selektiver Umgang mit Informationen
◆ falsche Prioritätensetzung
◆ Akutes zuerst

Neigung, möglichst einfach zu denken

Vor ein paar Wochen war ich mit einer Gruppe in einem Hotel in einer größeren deutschen Stadt. Ein Teilnehmer kam etwas später und war sichtlich aufgeregt. Er war an diesem Tag angereist und hatte zwei platte Reifen zu beklagen. Den ersten noch zu Hause, den zweiten dann hier, direkt in der Garage des sehr guten und teuren Hotels. Der Wagen war ziemlich neu, ein Vertragshändler kümmerte sich gleich um die Angelegenheit und der Teilnehmer konnte sich auf das Training konzentrieren – ihm wurde ja geholfen. – Am nächsten Tag dann die nächste Schreckensnachricht. Eine andere Teilnehmerin hatte auch einen platten Reifen, auch in der Hotelgarage.

Ganz ehrlich: Wären Sie sofort am ersten Tag auf die Idee gekommen, in der Einfahrt zur Hotelgarage nach Nägeln oder Scherben zu suchen? – Falls nicht, dann wären Sie auch der Neigung, möglichst einfach zu denken, aufgesessen. Problem gelöst. Fertig! Funktioniert oft so, doch leider nicht immer.

Ist es damit getan, die durchgebrannte Sicherung einfach wieder reinzudrücken oder war es ein Hinweis auf ein defektes Gerät? Reicht es aus, bei Ihrem Wagen alle zwei Wochen Öl nachzufüllen oder sollten Sie vielleicht mal in die Werkstatt fahren?

Denken Sie doch einmal kurz selbst nach, welche Symptome, die Sie schnell mit einfachen und gut klingenden Erklärungen abtun, Hinweise sein könnten auf tiefere oder dahinter liegende Probleme.

> Nicht immer, wenn es Ihnen im Arm wehtut, ist daran die schwere Tasche schuld.

Schwierigkeiten bei exponentiellen Rechnungen und sehr großen Zahlen

Und wieder gibt es zunächst einmal ein kleines Experiment:

> Stellen Sie sich kleine Kärtchen (Visitenkarten) vor. Jedes ist genau ein Millimeter dick. Nun stapeln Sie diese Kärtchen und von Stapel zu Stapel verdoppeln Sie die Stückzahl. Im ersten Stapel beginnen Sie mit einer Karte, im zweiten verdoppeln Sie auf zwei Karten, beim nächsten Mal verdoppeln Sie auf vier Karten usw. Bitte raten Sie – nicht rechnen, nur raten –, wie hoch der Stapel ist:
> ◆ beim 11. Mal
> ◆ beim 21. Mal
> ◆ beim 31. Mal
> ◆ beim 35. Mal
> Die Lösung finden Sie am Ende des Buches.

Wahrscheinlich liegen Sie wie die meisten Menschen ziemlich daneben. Das hängt einfach damit zusammen, dass wir bei der Rechnung mit großen Zahlen ganz erhebliche Probleme haben.

Ganz schwierig wird es für uns dann mit exponentiellen Rechnungen. Unser Gehirn hat dafür einfach keine Bilder – also können wir es uns nicht vorstellen. So wie wir uns nicht vorstellen können, dass sich der Stapel der Visitenkarten von Mal zu Mal verdoppelt und so beim 11. Mal schon über einen Meter hoch ist. Oder hätten Sie es gewusst?

Generalisierung

Eine Generalisierung erfolgt, wenn wir von „einmal" auf „immer" schließen. Oder, für die Pessimisten unter uns, von „ein paar Mal" auf immer. Unsere Vorfahren haben ein paar Mal erlebt, dass die Sonne morgens auf- und abends untergeht. Durch die Generalisierung ist daraus etwas Normales entstanden, eine Gesetzmäßigkeit, etwas, worauf man sich verlassen kann.

Wie die Sache mit der Sonne funktioniert, lernen wir inzwischen in der Schule. Doch die Generalisierung gibt es immer noch. Sie kennen solche Aussagen:

◆ „Das machen alle so"
◆ „Das war schon immer so"
◆ „Alle kaufen dieses Produkt"
◆ „Jeder fährt in Urlaub" etc.

Hört sich vernünftig an, deshalb glauben wir es ja. Bei genauerer Betrachtung ist das doch nicht mehr so schlüssig, denn: machen es wirklich alle so? Kaufen wirklich alle dieses Produkt? Fährt dieses Jahr wirklich jeder in Urlaub? – Wahrscheinlich nicht.

Und so ist es schon fast üblich: Wir schließen von ein- oder zweimal auf immer, von einer oder zwei Personen auf alle. Und das kann zu Trugschlüssen und Fehleinschätzungen führen.

Selektiver Umgang mit Informationen

Auch eine Fehlerquelle ist der so genannte Tunnelblick: Wir sehen, hören und erleben das, was wir sehen, hören und erleben wollen – und blenden das andere aus. Plötzlich kommen von überall her Bestätigungen unserer vorgefassten Meinung. Wir picken uns sozusagen das heraus, was wir haben wollen, und lassen alles andere links liegen.

Die Gefahr: Wenn man innerlich von etwas überzeugt ist, sieht und bewertet man nur die Informationen, die die eigene Meinung untermauern.

Falsche Prioritätensetzung

Sie haben jeden Tag eine Fülle von Entscheidungen zu treffen. Jede einzelne Entscheidung ist wichtig – doch in welcher Reihenfolge? Welche Entscheidung ist die wichtigste von allen? Wenn Sie nur noch eine Entscheidung treffen könnten, eine einzige, welche wäre es? Wenn Sie nur noch eine Sache machen könnten, was wäre es? Je komplexer Sachverhalte sind, desto schwieriger ist diese Frage oft zu beantworten und umso wichtiger deshalb die Beantwortung.

Zwei Verfahren, die Ihnen helfen können, Licht ins Dunkel zu bringen, sind die folgenden.

Komplexität verringern

Angenommen, Sie haben zehn Themen gleichzeitig zu bearbeiten, können jedoch nur eines erledigen. Die Auswahl „eins unter zehn" fällt hier schwer, bringt Sie nur unwesentlich weiter. Vergleichen Sie stattdessen immer nur zwei Themen miteinander. Welches von beiden ist im Moment wichtiger für Sie?

Vergleichen Sie auf diese Art und Weise jede Ihrer Themen – und Sie erhalten einen schnellen und sehr verlässlichen Überblick über Ihre Prioritäten und können mit Ihrem wichtigsten Thema starten.

ABC-Analyse

Eine andere gebräuchliche Methode für mehr Klarheit in Bezug auf die Prioritäten ist die ABC-Analyse. Ausgehend vom Paretoprinzip, dass mit 20 Prozent des Aufwands 80 Prozent des Erfolgs zu erzielen sind, werden z.B. Produkte entsprechend ihrem Wert, Umsatz, Ertrag oder auch Zeitbedarf klassifiziert.

Die ABC-Analyse unterteilt Objekte in drei Kategorien, nämlich A, B und C. Dazu werden zunächst in der Regel zweidimensionale Wertepaare definiert, z.B.: Kunden/Umsatz, Artikel/Bestand (Anzahl), Ressourcen/Kosten oder Kosten/Nutzen. Diese Wertepaare werden zunächst nach Größe sortiert, danach kumuliert und in Klassen eingeordnet. Anhand dieser Einordnung kann man sich dann ein grobes Bild der Ist-Situation verschaffen und weitere Vorgehensweisen ableiten.

Die ABC-Analyse ist weit verbreitet und findet Anwendung inner- und außerhalb der Betriebswirtschaft. Als Schwach- bzw. Kritikpunkte gelten:

◆ Betrachtung nur der Ist-Situation
◆ nur sehr grobe Einteilung in drei Klassen
◆ keine Berücksichtigung qualitativer Faktoren
◆ einseitige Ausrichtung auf nur einen Faktor

Wichtiges zuerst

Anscheinend ist es in der Natur so angelegt: wer am lautesten schreit, kriegt am schnellsten – ob im Vogelnest, bei den Kunden, Kollegen oder Mitarbeitern. Dieses laute Schreien ist jedoch nicht unbedingt ein Ausdruck von Wichtigkeit, sondern allenfalls von Dringlichkeit.

Die Eisenhower-Methode hilft dabei, das Wichtige vom Dringenden zu unterscheiden:

Legen Sie ein Achsenkreuz an: Eine Achse unterscheidet in „dringend" und „nicht dringend", die zweite Achse bezeichnet „wichtig" und „nicht wichtig". So erhalten Sie vier Felder.

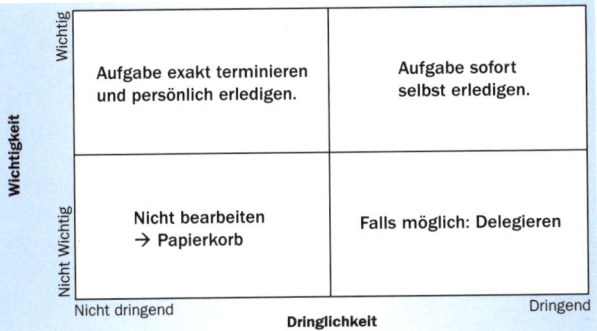

Nun ordnen Sie kritisch Ihre Themen, Aufgaben, Dinge einem der vier Felder zu. Und dann verfahren Sie strikt nach der dem jeweiligen Feld zugeordneten Empfehlung.

Diese Methode eignet sich hervorragend zur Sichtung Ihres Schreibtisches, z.B. nach dem Urlaub. Innerhalb kürzester Zeit verschaffen Sie sich einen guten Überblick, bringen Prioritäten in Ihre Themen und entledigen sich all der Aufgaben, die Sie nur belasten und zu denen Sie nicht kommen.

Auflösung: Exponentielles Wachstum

Lösung der Aufgabe von S. 103

Die Stapelhöhe beträgt:
◆ beim 11. Mal: über einen Meter (1,02 m)
◆ beim 21. Mal: über einen Kilometer (1,05 km)
◆ beim 31. Mal: 1.074 Kilometer
◆ beim 35. Mal: 17.000 Kilometer

Literatur

Ariely, Dan: Denken hilft zwar, nützt aber nichts. München 2008

Bandler, Richard: Unbändige Motivation. Paderborn 2009

Beck, Hanno: Die Logik des Irrtums. Frankfurt 2008

Cialdini, Robert B.: Die Psychologie des Überzeugens. 5. Aufl., Bern 2008

Gigerenzer, Gerd: Das Einmaleins der Skepsis. Berlin 2004

Gruber, Willibald J.: Unternehmenserfolg durch Souveränität. 2007

Laufer, Hartmut: Entscheidungsfindung. 2. Aufl., Berlin 2008

Rosenzweig, Phil: Der Halo-Effekt. Offenbach 2008

Stärk, Johannes: Überzeugend auftreten. Berlin 2008

Lufthansa Flight Training: Competence Training

Stichwortverzeichnis